D1329805

Impose ta chance
Serre ton bonheur
Et va vers ton risque
À te regarder,
ils s'habitueront.

- René Char

Du même auteur

Gourmandise chronique, VLB éditeur, de 1987 à 1989
Guide gourmand, Les Éditions de l'Homme, de 1990 à 1996
Plaisirs singuliers, chroniques, Boréal, 1997
101 restos. Les meilleures tables de Montréal, Boréal, 1997 et 1999
Chère Joblo, Boréal, 2003

Je ne suis plus
une oie blanche...

Catalogage avant publication de Bibliothèque et Archives nationales
du Québec et Bibliothèque et Archives Canada
Blanchette, Josée
    Je ne suis plus une oie blanche-- : pages de blogue
    ISBN 978-2-89077-346-2
    1. Blanchette, Josée - Blogues. I. Fortin, Caroline-Julie, 1982- . II. Titre.
    AC25.B522 2009   C848'.5407   C2009-940483-4

Conception graphique et mise en pages : Annick Désormeaux

Les photographes Martine Doucet et Jacques Nadeau ont gracieusement
accepté que leurs photos, qui figuraient parmi les objets photographiés
par Dominique Lafond chez Josée Blanchette, soient reproduites dans
ce livre (p. 58 et 160). Nous les en remercions.

Nous avons obtenu l'autorisation d'Avenue Éditorial pour reproduire les vers
de la chanson de Pierre Lapointe, *Plaisirs dénudés*, cités à la p. 214.

© 2009, Flammarion Québec

Tous droits réservés
ISBN 2-978-89077-346-2
Dépôt légal BAnQ : 2e trimestre 2009

Imprimé au Canada

www.chatelaine.com/joblo
www.dominiquelafond.com
www.flammarion.qc.ca

Josée Blanchette
avec la collaboration de Caroline-Julie Fortin

Je ne suis plus une oie blanche...

Pages de blogue

Photos de Dominique Lafond

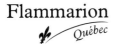

Flammarion
Québec

À mon B., pour qu'il découvre son verger

Comme un village

Je suis la mairesse d'un village. Oh, d'un tout petit village, entendons-nous bien, avec une rue principale qui a pignon sur l'opinion et la déraison. J'habite ici, tout en haut de la colline, au bout du rang, à gauche. Et dans ma boîte aux lettres, les gens de mon village laissent des mots, glissent un sourire, font de l'entregent et parfois même du pied sous la table.

Ces gens de mon coin de pays ont une mentalité rurale et débarquent sans s'annoncer, toc toc nous voici, les bras chargés de trésors de la langue, de pensées magiques et d'humanités à revendre. Les gens de ce village virtuel sont gens de paroles et de traditions, comme ceux du pays de Vigneault. Je les ai adoptés. Pour eux, j'ai voulu ne pas oublier. Grâce à eux, j'ai conservé l'essence du regard posé sur le trafic du quotidien.

Vaut mieux un petit chez-soi qu'un grand chez les autres. Voici ce petit chez-moi habité par les autres, inspiré par eux, hanté par tous ceux qui y laissent des traces depuis janvier 2005, tantôt du côté du journal *Le Devoir*, tantôt sur le site du magazine *Châtelaine*.

Bienvenue dans ce bourg un peu fou à lier, relié.

C'est justement grâce au liant que la sauce prend.

À déguster comme des tapas, chaque billet qui suit...

Le temps passe, on en oublie la douleur, on en oublie la douceur, on y laisse des plumes qui s'envolent au vent. J'en ai rattrapé quelques-unes pour en faire un oiseau de papier. ▎

Bibi and me, complices de crimes.
Photographiées par Guillaume Vallot.

La galerie

Monsieur B. : Né en 2003 des tribulations atypiques d'une primipare âgée avec un jeunot, mon B. a révolutionné quelque temps les habitudes professionnelles et les certitudes spatio-temporelles de sa mère déboussolée. Depuis, il fait de son mieux pour philosopher avec elle et la rassurer sur l'ordre des choses : « Maman, est-ce qu'il va rester de l'ancien temps quand tu vas mourir ? » Voilà. Ce livre, mon ancien temps, lui appartient.

Namour : Surnom affectueux du papa de mon B. Mon co-parent non-cohabitant sera toujours plus vieux que son fils et plus jeune que moi. Tant qu'à élever le même enfant, chacun de notre côté du fleuve Saint-Laurent, nous avons opté pour la mise en commun de nos efforts. Et c'est à lui que je dois ma première incursion dans la blogosphère.

Bibi : La sœur choisie, la complice des crimes les plus divers depuis seize ans. Avec elle, la maturité a bien meilleur goût. Un savant mélange de Fifi Brindacier et de sœur Volante, Bibi est la plus partante de toutes les mères de famille de trois enfants pour un plan « tasse de thé/grappa » ou « chanson country/Barbara. »

Papou Jacques : Languirand soi-même. Un mentor, un ami, une complicité naturelle effervescente, un frère puisqu'il me donne du « ma sœur », une figure paternelle au plus sombre de la nuit, une voix rassurante le dimanche soir à la radio. Et un grand rire tripatif pour nous secouer de la torpeur existentielle.

Alban : L'homme de ma vie. Mon Capien en Gaspésie comme au ciel. J'ai dispersé ses cendres du haut du phare de « son » Cap-des-Rosiers natal. Et c'est toujours là que je retourne causer avec mon grand-père. Courriériste du cœur dans les camps de bûcherons, Alban a vécu *Les filles de Caleb* en direct. Il doit sa longévité à son gin tonic quotidien et il m'a initiée aux sets carrés et à la musique country. « Mille après mille, je suis triste, mille après mille, je m'ennuiiiiiie. »

Le père Lacroix o.p. (ordre prêcheur) : J'ai toujours eu un faible pour les curés et celui-ci ne prêche pas en vain. Un savant sans prétention, un humain humaniste en voie de disparition. Il m'accepte en athée, en catwoman, allaitante, larmoyante, aimante, exultante, chantante. « T'es vraiment une fille de party, Josée », m'a-t-il dit l'hiver dernier, au retour d'une croisière épique sur le fleuve.
Tout dominicain soit-il, je l'ai trimballé deux fois en Gaspésie l'hiver, une fois avec son cœur, l'autre avec son « pince-mes-cœurs ». À quatre-vingt-treize ans bien sonnés, c'est le plus jeune de toute cette galerie. Mon deuxième grand-père.

Virgo : L'ancienne voisine bretonne retournée vivre au pays de Bécassine après m'avoir laissé une bande de marins en héritage.

Papi Zilles : Il est monté au ciel trop tôt. On ne se fait jamais à l'absence des êtres qui nous ont marqués. Y a des gens à qui la mort ne va pas du tout, ils sont bien trop vivants pour ça. Mon père a volontairement pris congé le 13 avril 2003. C'était précipité pour nous, prémédité pour lui. J'entamais ma dix-septième semaine de grossesse et un long séjour en enfer. Amen.

Le frangin (Bro) : Beachbum californien, fan des Canadiens en exil. On a le même ADN mais pas le même humour. On a la même enfance mais pas les mêmes souvenirs. On a le même goût pour la confiture maison mais pas les mêmes recettes. On a la même langue mais on ne vit pas dans le même pays. Il a eu l'idée de ce livre. Lui, c'est le cerveau, moi, les bras.

Ma maman : Première et fidèle lectrice de mon blogue, je ne pourrais pas me passer de ses commentaires, un peu acides, toujours marrants et percutants. La plus jolie célibataire sexagénaire de ma connaissance. Et ma meilleure carte de visite.

Les timides : Tous ceux qui se reconnaîtront entre ces lignes, derrière un point d'exclamation ou des points de suspension... ▌

I'm just trying to matter...

- June Carter Cash

Société distincte

Nous étions dans l'esprit des Fêtes, Bibi et moi. Décembre dernier. Nous rentrions d'un party plate de jeunes trentenaires branchés qui représentent ce qu'il y a de plus urbain et coolissime à Montréal. Le loft était grand, le DJ était bon et les shooters de gaspacho à la vodka épicée tout à fait succulents. Mais… c'était plate. J'ai plus l'âge d'avoir l'air bête en faisant semblant de trouver ça drôle. Je n'ai probablement plus l'âge pantoute de me retrouver dans un party branché. Je ne détiens pas les codes, ni les clés. Je m'ennuie.

Nous sommes parties tôt, Bibi et moi. Pas dépitées, juste conscientes que nous n'étions ni assez liantes, ni assez tentantes. « Il suffirait de presque rien, peut-être de dix années de moins… »

En rentrant chez moi, nous piquons par la ville voisine de Westmount. La rue est bondée d'autos de luxe, les lumières de Noël scintillent, les partys à Westmount sont toujours des événements qui nécessitent un *valet parking*, un tapis rouge et passent difficilement inaperçus.

– Je n'ai jamais été invitée dans un party à Westmount, soupire Bibi.

Pour le bénéfice des nouveaux arrivants, Bibi venait me rendre visite du temps où j'étais « mairesse » de Westmount dans mon château avec six salles de bain, incluant le *powder room* de l'entrée principale, et deux escaliers (celui de service et celui des maîtres). Cet épisode rocambolesque de ma vie n'a duré que trois mois mais j'aurais dû faire un party. J'étais pas dans le *mood* et je n'avais pas le crédit pour « backer » l'exercice mondain. Bref, Bibi m'en veut encore, je le sens... Je me sens assez coupable, en tout cas, pour proposer :

– Ça te tente d'aller dans un party à Westmount ?

Elle me regarde, curieuse et un peu craintive. Elle me connaît.

– Stationne ta caisse un peu plus loin, on va se faire remarquer en Subaru rouillée même pas noire, lui dis-je.

Nous débarquons. Je n'ai pas mis le vison de ma grand-mère. Tant pis. Je suis habillée un peu gogo, une tunique noire archicourte et des bottes cuissardes, un seul gant en velours qui remonte jusqu'à l'épaule. Pas grave, on fera avec. Même sans les *jewels*, nous sommes capables d'en jeter. Bibi a fait son cours au Conservatoire et moi, ben, les *jewels* m'ont jamais impressionnée, surtout quand c'est tout ce que t'as de brillant à montrer.

Nous nous présentons devant la porte où une pancarte *valet parking* indique qu'il y a vraisemblablement un party. Nous traversons le barrage des gars de char en leur souriant, sans plus. On va quand même pas fumer un pétard avec eux, même si c'est tentant. Arrivées à l'intérieur, nous remettons nos manteaux à la jeune préposée au vestiaire.

Nous pénétrons dans une maison dont la façade résolument traditionnelle rompt avec l'intérieur plutôt design. L'arrière de la maison a complètement été refait pour ouvrir sur le fleuve et la vue. D'immenses baies vitrées tiennent lieu de *nice piece of conversation*. Les invités, flûte de champ à la main et petite bouchée dans l'autre, ont l'air de s'emmerder. La musique est feutrée, aucun shooter à l'horizon et le code vestimentaire serait porté sur le long cette année. Nous avons l'air des amies de l'ado de la maison. Genre.

J'observe le petit salon à l'entrée, désert, une flambée dans la cheminée et je me demande qui habite là. Qui s'installe dans ce fauteuil inconfortable, qui y lit, qui y jase. Personne. C'est humainement impossible. Pas feng shui. *Anyway*, pas mon problème.

Mon problème se précipite vers moi. L'hôtesse, visiblement. Vêtue d'une robe longue en satin bleu, gainée dans un corsage bustier qui met en valeur des bijoux qui n'ont pas été volés, sûrement offerts par un homme qui l'aime déshabillée. L'hôtesse fait trop d'embonpoint pour sa robe et sa mise en plis du jour doit sentir le *spraynet*. Je ne sais pas ce qu'il y a d'attirant dans cette mascarade. Elle doit penser la même chose de moi d'ailleurs. Nous ne sommes pas de la même caste, ça se sent tout de suite. Elle descend de Lady Di et moi de Twiggy. Elle a gravi les escaliers qui mènent au sommet de Westmount, et moi, j'ai fait des tours d'ascenseur mais je suis encore revenue au *lobby*.

L'hôtesse avec un sourire cramoisi :

– Bonsoir, vous accompagnez quelqu'un ?

Mes excuses à mon ex, fallait que je trouve quelque chose :

– Oui, nous sommes venues retrouver mon ami X, l'ex-maire de Westmount. Il nous a dit qu'il serait ici.

– Je ne connais pas X ! Désolée. Vous devez faire erreur.

J'insiste, car nous savons toutes les deux qui est X et qui est l'ex-maire de Westmount. Ça se voit dans ses yeux. Et je ne veux pas m'imaginer de quoi j'aurais eu l'air si X avait été parmi les invités avec sa femme. *God*, je vis dangereusement !

L'hôtesse s'adresse maintenant à la jeune préposée du vestiaire :

– *Bring back the coats, wrong guests !!*

Vous remarquerez que nous sommes rapidement passées à l'anglais, probablement réservé aux communications avec les domestiques.

Je me suis excusée à la jeune femme (francophone) en ressortant. Elle a répondu, très professionnelle « Moi, je m'en fous ! » en haussant les épaules.

Bibi était sous le choc.

Je l'ai prise par le bras :

– Ben quoi ! Tu voulais voir c'était quoi un party à Westmount ? T'as vu combien ils étaient à s'emmerder. *Money can't buy you fun honey !* Et dorénavant, ils ne t'impressionneront plus. ▌

Et vogue le chalet!

Le bonheur a une odeur de tartiflette dans l'avant-soirée de l'après-ski.

Vous deviez être cinq pour le souper, vous êtes plutôt douze.

C'est pas grave, on fera deux tartiflettes et on mangera tout le vacherin par-dessus à la petite cuillère, tellement il coule.

– Qui va éplucher les pommes de terre?

Les enfants répondent tous en chœur:

– Pas moi!!!!

Finalement, c'est le grand Laurent, quinze ans, un mètre quatre-vingt-treize, qui épluche les patates pour douze. Ses sœurs et Clovis font une flambée dans le foyer. Il y a des endroits au Québec où les enfants sont encore exploités...

Entre les lardons à dorer et les oignons à couper, je descends trois ou quatre fois écouter les hommes au sous-sol. Ça brasse sérieusement. Des cartes. Des joueurs, oui. Ils jouent leur vie.

Une traversée, ça se prépare sur le plat et au sec. Et l'Atlantique n'a jamais eu la réputation de faire de cadeaux. En tout cas, jamais secs, les cadeaux.

Chez les sportifs, c'est toujours pareil. L'été on prépare l'hiver, l'hiver on prépare l'été.

Ce sera pour juillet prochain: Nouvelle-Écosse–Irlande sur un dix mètres.

Les trois marins parlent GPS (il en faut trois), téléphone satellite, vêtements de survie, réserves d'eau, *body bag* (s'il y a un mort...).

– Pourquoi vous le jetez pas aux requins ?

Silence. On fait semblant de rire même si on sait que tout peut arriver. C'est même pour ça que nous sommes ici plutôt qu'au cinéma.

Ça sent le défi à vue de nez. Le mal de mer aussi.

Juste à regarder la carte de navigation de l'Atlantique Nord, avec tous les courants marins, j'ai mal au cœur.

– Il faut enlever les étiquettes des conserves et les marquer à la main, dit le capitaine à l'intention de ses deux compagnons de route.

– Nous on l'a pas fait mais on arrivait à distinguer le maïs en crème du maïs en grains juste au son, en secouant les conserves, ajoute Laurent.

Laurent a passé toute l'année scolaire 2005-2006 en voilier avec ses parents et ses deux sœurs, d'où son expérience en matière de sonorité des conserves. Ses parents ont été élus les parents les plus populaires de son école en 2006.

Je retiens la formule : tu n'envoies pas tes enfants à l'école pendant un an ! Et ils reviennent avec le pied marin, de belles joues hâlées et des connaissances en physique, percussion des conserves, en radio amateur et en météo. C'est peut-être plus utile pour apprivoiser la suite du monde que l'algèbre et l'histoire, après tout.

Le meilleur moment de l'amour, c'est quand on grimpe l'escalier.

Le meilleur moment de l'aventure, c'est quand on est assis autour de la carte en buvant une Corona et en humant l'odeur du bonheur.

J'ai baissé le feu pour leur laisser le temps de bien humer.

L'homme qui a vu l'ours

Vendredi, durant la tempête, j'ai passé une bonne partie de l'avant-midi chez Kanuk avec Louis Grenier, le propriétaire. Il était en grande conversation avec Florent Vollant à mon arrivée. En fait, Louis écoutait. Ou, plutôt, il enregistrait. Louis est l'un des meilleurs conteurs que je connaisse. Et des conteurs, j'en ai connus. J'ai même découvert Fred Pellerin alors qu'il était un pee-wee et donnait des spectacles dans des salles de classe du Cégep du Vieux. *Anyway*.

D'une drôlerie impayable ; Louis, c'est du Coluche *made in Quebec*. Ou plutôt « fabriqué sur le Plateau »... Louis n'a pas baptisé ses manteaux Kanuk pour rien ; il ne vendrait jamais aux Américains, ni aux Ontariens, ni aux Chinois. Un indécrottable nationaliste.

– Veux-tu ben me dire, Joblo, pourquoi les ti-culs qui font des séries comme *Les Invincibles*, ils mettent de la musique américaine dedans ? On n'a pas assez de chanteurs au Québec ?

De cette eau-là.

Après le départ de Florent, Louis me raconte l'histoire de l'homme qui a vu l'ours. En fait, j'ai devant moi l'homme qui a vu l'homme qui a vu l'ours parce que Louis n'a pas vu l'ours non plus. Mais bon, un conteur peut se permettre de vous faire voyager sans avoir de passeport dans ses poches.

– Tu vois ? Dans la famille de Florent, quand ils vont à la chasse au caribou, c'est pour se chercher de la viande. Mais quand ils partent à la chasse à l'ours, ils enfilent leurs plus beaux habits parce qu'ils vont à la rencontre de l'ancêtre. La femme repasse les chemises de son mari avec des pierres chaudes ; il se met sur son trente-six pour aller rencontrer l'ancêtre de la famille. C'est pas rien ! Ils font ça l'hiver, quand l'ours hiberne depuis déjà plusieurs mois. L'ours, avant d'hiberner, il casse les branches de sapin (pour se faire un matelas) et il les casse vers le bas, contrairement aux humains qui cassent les branches vers le haut. On pense que c'est parce que ça laisse moins de trace mais peut-être que l'ours pense pas tant que ça. On le sait pas.

– Comment ils font pour le trouver, l'ours ? que je demande pour le laisser prendre son souffle.

– Y a un petit filet de vapeur d'eau qui traverse la neige. Ils le trouvent comme ça. Il ne respire presque pas. Fonctions vitales au minimum, pulsations cardiaques réduites, l'ours dort dur dur. Avant d'aller dans son trou, il s'est fait un bouchon fécal pour pas dormir dans son caca. Il pense peut-être pas, l'ours, mais y a quelqu'un qui y a pensé dans son arbre généalogique. Il s'en rappelle. Quand les chasseurs arrivent, ils commencent par parler à l'ancêtre dans le creux de l'oreille, à travers le trou de sa tanière ; ils lui disent toutes sortes de belles affaires pour le réveiller doucement et lui parlent très respectueusement. Là, tranquillement, la respiration de l'ours va changer. Ça peut prendre une heure et demie avant qu'il se réveille complètement. Et pis quand il commence à grouiller, *watch out* ! L'ours est en ciboire ! Il n'a pas mangé depuis des mois, il est constipé et on le réveille ! Pis s'il prend trop de temps à se réveiller, ils le picossent avec un bout de bois...

– Wow !

– Pis là, l'ours sort. Mais oublie pas que c'est l'ancêtre ! Alors, le chasseur se met à genoux pour l'accueillir avec son fusil braqué sur lui. Et il attend que l'ours expulse son bouchon fécal, « POW » (ça pue en maudit), pour tirer dessus. « POW POW ».

– Tu veux dire qu'ils lui donnent la chance d'expulser et de se sentir mieux dans sa peau d'ours avant de lui faire la peau !

– C'est comme ça. Pis si tu voyais un ours débarrassé de sa peau, tu comprendrais pourquoi les Montagnais pensent que c'est leur ancêtre. L'ours ressemble à un homme. C'est fait pareil.

Louis m'a même conseillé un livre à lire sur le sujet (un bon-homme qui, arrivé à l'âge de bander mou, part en *road movie* se chercher une jeunesse et se ramasse avec un ours – c'est Louis qui le dit et je le crois sur parole). *Le Bestial Serviteur du pasteur Huuskonen* d'Arto Paasilinna, ça s'intitule. Paraît que c'est plu-tôt plate à lire pour une fille. Vous me raconterez ! ▌

Moment de grâce

Il y en a eu tout plein.

Un exemple tiré au hasard ? Un tour de calèche dans le Vieux-Montréal le 24 décembre avec ma maman et mon B., tandis que le père Noël déposait les cadeaux sous notre sapin à la maison après avoir mélangé champagne et verre de lait (beurk !).

– Ça sent quoi, maman ?

– Je crois que le cheval a pété... (Mamie est une femme trop bien élevée pour ça !)

– Pourquoi il pète le cheval, maman ?

– Parce qu'il a mangé trop de ragoût de pattes.

La conductrice de calèche :

– Vous êtes ici dans la plus vieille rue de Montréal, 1672...

– Pourquoi il pète le cheval, maman ?

La conductrice de calèche :

– Pensez-vous qu'il reste une maison en bois dans le Vieux-Montréal ?

Moi :

– Si vous le demandez, c'est qu'il en reste une...

Mister B. :

– Pourquoi il pète le cheval, maman ?

Je ne sais toujours pas si nous ferons une tradition de ce tour de calèche improvisé un soir de Noël. ▌

Autre moment de grâce

Écouter des rigodons dans l'auto stationnée le 31 décembre, tandis que mon B. faisait la sieste à l'arrière.

C'est le seul moment de l'année où j'écoute la radio de Rock Forest. Bien sûr, j'ai réussi à apprendre *Dégénération* par cœur, ça jouait partout, trois fois entre Québec-Montréal. Mais j'ai retrouvé des crus plus anciens avec beaucoup de plaisir. Dont *La cuisinière*, une de mes favorites :

> « Ah que c'est bon, bon, bon
> De prendre un verre de bière
> Avec la cuisinière
> Dans un p'tit coin noère »

Et ensuite *La p'tite jument* :

> « Enwoye, enwoye la tite tite tite
> Enwoye, enwoye la tite jument. »

– Maman ? Est-ce qu'elle pète la tite zument ?

Tiens ! Il s'est réveillé çui-là ! █

Quel dommage que,
pour aller à Dieu,
il faille passer par la foi.

- Cioran

Mon plus vieil ami

Ce matin, j'ai appelé le père dominicain Benoît Lacroix pour lui souhaiter un joyeux anniversaire. Quatre-vingt-onze ans. Mon plus vieil ami. Un de mes plus fidèles lecteurs aussi.

– Joséééééée ! Je t'ai lue ce matin à six heures sur les tabous. C'est pas croyable tous ces nouveaux tabous. Le grand retour du conservatisme par la gauche. Tacite disait : « Quand les lois se multiplient, nous pressentons la décadence. » On fait partie de cette humanité, faut pas la laisser tomber...

Cher père Lacroix, la seule personne que je connaisse qui puisse citer des empereurs romains, des philosophes grecs et Marguerite Lescop de mémoire. Avec lui, je prends toujours des notes au téléphone. Je les relis plus tard. Ça m'aide à vivre. Et je lui parle comme à mon grand-père, sans rien cacher. Et il s'inquiète de ma santé, comme un vrai papi.

– T'as une bonne voix. On dirait que tu as bien dormi ?

– Pantoute ! J'ai fait des cauchemars, mon fils aussi, je mangeais un bol de céréales dans mon lit à trois heures trente du matin en lisant *Toilet training in less than a day*... Ça vous donne une idée du genre de littérature sur ma table de chevet ! Je suis loin de la Bible... mais les voies de Dieu sont impénétrables ! █

À deux baisemains du pape

J'ai rencontré Monseigneur Blanchet, évêque de Rimouski, cet hiver, en ski de fond. Mon « cousin » m'a immédiatement plu. J'ai reçu hier une lettre de lui, semblable à toutes celles que je reçois de temps à autre, signées par un simple prêtre ou un évêque à la retraite. Je conserve ces lettres précieusement. Elles suintent l'érudition et une connaissance du monde tant livresque que clinique. Et les curés se sentent toujours obligés de s'excuser de me lire malgré mes propos salaces ou sensuels.

Un extrait :

« Je vous lis régulièrement car je résiste mal à l'intelligence, surtout quand elle reflète si bien notre culture moderne. Visiblement, vous ne détestez pas provoquer par certains propos quelque peu osés. Et, vous comprendrez, cette place accordée au corps et à la jouissance me laissait perplexe : modernité rimerait-elle avec superficialité ?

Mais en vous voyant avec monsieur B. dans les bras, je n'ai pas hésité un instant à croire à la vérité de votre être. (Comment pourrait-on jouer à la maternité ?) [...] Il m'arrive de répéter à des jeunes parents l'affirmation de Tagore : "À chaque fois qu'un enfant naît, Dieu dit qu'il ne désespère pas de l'humanité." Mais je ne veux pas être prosélyte ! »

Mon cousin, un ornithologue amateur qui imite les oiseaux comme un pro, m'envoie son arbre généalogique : « Si un jour monsieur B. a le goût d'imiter les oiseaux, il ne le fera jamais avec autant de justesse que perché sur son arbre généalogique. »

(Et il termine de la façon la plus *sweet* qui soit.)

« Je vous dispense de répondre. Accordez le temps qu'il faudrait à monsieur B. ! »

C'est pas charmant ça ?

Il y aurait un texte à faire sur les lettres semblables que je conserve. Ce petit mot récent du père dominicain Benoît Lacroix, une note manuscrite qui dit : « Josée, je voudrais être ton grand-père Alban ! Merci. »

J'ai toujours pogné avec les curés, mon premier chum en était un (défroqué, mais il roulait quand même les « r »).

Bon, j'arrête. Ça va se terminer comme un épisode de *Les oiseaux se cachent pour mourir*. Allez en paix... et sans trop de pensées impures. ▌

Josée

Je voudrais
être ton
grand-père
Alban !

Merci
Bénédi...

Deux ans et demi

Lorsqu'il a eu trois mois, j'ai emmené monsieur B. chez papou Jacques (Languirand) pour qu'il lui dessine son troisième œil. Une manière de rite initiatique dont je ne connais toujours pas la signification mais qui me faisait plaisir étant donné que mon B. n'a pas été baptisé ni reçu d'aucune manière spirituelle en ce bas monde. Languirand a été le seul gourou qui l'a effleuré de son aile.

Hier soir, nous célébrions la demie de deux ans de mon B. chez papou Jacques. Languirand a perdu sa mère exactement à cet âge. Son chien aussi, qu'on lui a retiré par la même occasion. On ne s'embarrassait pas de théories de l'enfance il y a soixante-dix ans.

Jacques m'avait demandé d'emmener monsieur B. car il voulait voir de plus près à quoi il pouvait ressembler, ce qu'un enfant de cet âge pouvait dire ou faire, ou simplement ressentir.

Il a été servi.

Monsieur B. a entrepris de charmer Charlie, le chien de Jacques. Il lui donnait des galettes de riz à grignoter et ils étaient en grande conversation sous la table tous les deux. Il lui a même appris l'alphabet en sortant ses abécédaires de son sac à couches. Charlie, un être blessé par la vie (selon son maître), l'écoutait sagement et lui léchait le bout du nez de temps en temps.

Languirand était complètement fasciné, surpris, et revivait des choses intenses, assurément.

Les enfants ont cette capacité incroyable de nous faire faire des grands bouts de chemin, consciemment ou non.

– Tu sais que je ne cours pas après les mères avec des enfants. Mais celui-là, tu me le ramènes, hein? m'a demandé papou Jacques.

Nous avons convenu d'un mode de paiement. Et les Air Miles viennent en prime!

Chut !
L'amour est un cristal
qui se brise en silence.

- Serge Gainsbourg

Aimer, c'est s'ennuyer de lui même quand il est là.

Dans la pénombre du théâtre, elle m'a glissé dans l'oreille :

– C'est comment être en amour ?

Elle aurait eu dix ans, j'aurais souri, mais une quarantenaire établie qui vous pose la question, ça donne un léger frisson et vous fait mieux mesurer votre chance. Ou votre disponibilité. Ou votre naïveté. Ou votre entêtement. Ou votre foi. Ou votre santé cardiaque.

– L'amour ? Être en amour. Doux calvaire. L'avoir sous la peau, vouloir se l'arracher pour lui. Ne faire qu'un et en faire mille. Et avoir peur d'en faire trop, comme chante Moran. Être certaine que c'est LUI, s'en faire une obsession parfois tranquille, parfois houleuse. Porter cette boule au fond du plexus et soupirer, soupirer comme un cœur qui désire et chavire. Se répéter : « Mais qu'est-ce que je vais faire avec toi ? » Mesurer chaque minute qui te sépare de ses bras, te regarder souffrir et y prendre un certain plaisir, se dire que l'exaltation des sens ne peut connaître meilleur ambassadeur, comprendre que la liberté est là, là, là, aux quatre points cardinaux de son épiderme sensible, dans tous les culs-de-sac de son âme et pas du tout où on la cherchait. L'éternité est en nous.

Et réaliser que tu peux l'emmener au Paradis ou en Enfer. Et lui aussi. Que tu disposes de ce pouvoir terrible. Et choisir le Paradis au mieux de ta connaissance. Et subir la tristesse, pour un mot, pour un silence, un oubli, un malentendu, un geste, porter cette chaîne qui te coupe les ailes à nouveau. Puis, l'entendre rire et te sentir plus légère. Le regarder pleurer et fondre avec lui. Lui donner les clés de soi, lui ouvrir tout ce qui est en soi, ce qu'on ignorait de soi, ce qu'on oubliait de soi avec tant de talent. Lui montrer l'étendue des massacres et des victoires. Le faire tien, dans ton récit, comme le guerrier d'exception qui vient rompre le cours de l'histoire et faire fuir les dragons maudits. Sans forcer, faire de même dans l'autre sens. Aller vers son récit, s'y établir. Poser ses bagages, enfin.

Être en amour, c'est aussi avoir le sentiment que le temps passe atrocement vite, qu'une vie n'y suffira pas, que chaque instant est si précieux qu'il ne faut pas laisser nos égos dans le chemin, qu'il ne faut plus répéter les erreurs de jeunesse, qu'il faut à tout prix réparer sur-le-champ, ne jamais se quitter sur un malentendu, ne pas se coucher fâchés, tendre la main le plus souvent possible. Compagnons de route sur la carte du Tendre.

Et aussi, ça vient avec l'insomnie. On dort peu quand on aime. Les endorphines, sûrement. Et lire de la poésie la nuit, c'est ce qui se rapproche le plus de faire l'amour. Parfois même on écrit pour faire chavirer le jour : *His eyes telling you all | The impatience of his taking.* ▌

Premier émoi

En lisant un article sur l'amour chez les petits, je repensais à ma dernière soirée de Saint-Valentin avec mon Œdipe Roi, si amoureux de sa maman. Nous sommes allés louer une trottinette des neiges sur le mont Royal avant de nous empiffrer de p'tits cœurs en chocolat et de regarder *Bambi* au creux du lit.

Arrivés au belvédère, devant le chalet de la montagne, je lui ai présenté Montréal mes amours.

– Tu vois ? C'est ici que les amoureux viennent s'embrasser. Toi aussi, un jour, tu pourras emmener quelqu'un et lui dire que tu l'aimes.

– Avec LA fille, maman ?

Ah LA fille ! Mon B. a éprouvé son premier coup de foudre à l'âge de quatre ans. Il y a deux semaines, dans la salle d'attente du médecin, bang sur la gueule. Je n'étais pas avec lui mais l'histoire veut que ce soit une GRANDE fille. J'ai su qu'il était vraiment en amour lorsqu'il m'a dit : « Je voulais lui donner un cadeau, maman ! » Depuis, il a le rouge aux joues chaque fois qu'il m'en parle. Parfois, comme ce matin, il veut encore la rêver et me dit : « Parle-moi de LA fille, maman... »

Alors, je brode, je lui invente une princesse et il sera son chevalier, son super héros, son chasseur d'ours et son bricoleur de lunes, son compteur d'étoiles. Je brode au fil doré et il en redemande. Il fait semblant de se boucher les oreilles.

Pareil à la Saint-Valentin, j'ai rajouté des couches de chocolat. C'est pas tous les jours qu'on a la chance de façonner le dernier des amants romantiques et de l'attraper juste à temps, juste par la pointe du cœur.

– Avec LA fille, tu viendras ici lui dire que tu l'aimes ?...

– Ah non, maman, je serai bien trop gêné. Je lui dirai pas. C'est de ma faute, maman.

Je lui ai expliqué qu'il n'y a pas de faute quand on aime. Qu'on peut se le dire tant qu'on veut. Mais j'ai aussi compris que le mal d'amour n'a pas d'âge. On porte la douleur comme une faute. Une honte. Y a encore de l'ouvrage pour faire de mon p'tit homme un homme, un vrai.

P.-S. : LA fille s'est avérée être l'infirmière de la clinique médicale... ▋

Graine de crooner

Je suis allée voir le film *Waitress* hier. Je croyais que c'était un film sur les tartes, finalement c'était un film sur le *bungee*. Ça arrive parfois avec les films. J'ai trouvé que les acteurs étaient parfois moyens et le casting bizarre, pour ne pas dire cliché, bon, pas grave, j'aime aller au cinéma, même quand ça ne rejoint pas mes attentes et que le fil est gros.

Par contre, j'ai beaucoup sympathisé avec cette *waitress* de l'Amérique profonde qui déteste être enceinte et ne le cache pas. Elle haït tellement ça qu'elle tombe amoureuse de son gynéco – dans le genre diversion, c'est efficace – qui n'a pas plus d'éthique qu'il ne faut. Si mon physio pouvait en faire autant, je suis certaine qu'on arriverait à prendre notre pied. Je suis même prête à lui donner l'autre. *Anyway*... Faudrait que je commence par lui apporter une tarte, tiens. C'est comme ça que le gynéco flanche dans le film, pour une tarte au *marshmallow* (pouache !). Vive les professionnels sans éthique. Finalement, à bien y penser, c'est peut-être un film sur le manque d'éthique...

Donc, je me suis bien reconnue dans cette grande fille qui tombe enceinte et se met à douter de son instinct maternel. Je comprends qu'on puisse écrire des lettres à son bébé et entretenir une relation amour-haine avec tout le « trip » bébé. Ouep. *Been there, done that, got the cesarian.*

En revenant chez moi, je réfléchissais au *bungee* de la maternité. À cette période de mon « agenda » où j'ai totalement perdu le contrôle sur mon corps, mon cœur et TOUS les événements de ma vie. Pas facile lorsque tu es habituée d'écrire le scénario et d'être le télédiffuseur principal. J'ai même versé une larme pendant le film sur cette fille qui ne savait pas dans quoi elle s'était embarquée. Je me rappelle combien j'haïssais le sourire des copines qui « en avaient » et qui me laissaient entendre que tout ça était bien passager. Elles savaient, elles, que j'allais tomber en amour après être tombée enceinte. Finalement, on n'arrête jamais de tomber. Heureusement qu'il y a de beaux physios pour nous réparer...

Je suis tombée. Grave. Immédiatement. Impérativement. Sans concessions. Un sein à la fois. Ma chair, mon sang, mon cœur et la chamade avec. Je revivrais ce moment n'importe quand. Mais pas tout le reste, malheureusement.

Trois ans (et demi, maman!) plus tard, je dis à mon B., à qui je servais les restants des gaufres aux noix de la fête des Mères qu'on avait préparées ensemble, pour le petit déj d'un mardi pluvieux :

– T'es chanceux d'avoir des gaufres ce matin, toi !

– Non, maman, je suis chanceux d'avoir toi, répond ma graine de crooner en me baisant la main...

It's pay back time ! Et ça, ce n'était écrit nulle part dans le contrat que j'avais signé avec l'entreprise de *bungee*. ▮

Si tu comprends,
les choses sont
comme elles sont.
Si tu ne comprends pas,
les choses sont
comme elles sont.

- Proverbe zen

Qu'auriez-vous répondu ?

« Chère Josée,

Je me demande, ces jours-ci, si je suis normale. En effet, je m'adresse à vous, grande philosophe devant l'éternel : suis-je normale si... j'ai trente-six ans, une bonne job, un amoureux passionné et passionnant... et que je ne ressens AUCUNE joie à être enceinte d'un mois ? Je ne pense qu'aux sacrifices qui m'attendent... tandis que je combats les maux de cœur et la fatigue constante. Suis-je normale si... j'ai plus l'impression d'avoir attrapé un virus que d'être en train de faire un être humain ???? Bref...

C. »

Chère Mère,

On vous dira que c'est hormonal mais ce n'est pas tout. J'ai été déprimée durant neuf mois avant de connaître la joie. Dépression *antepartum*, même les médecins sont peu formés pour comprendre cet état. Armez-vous de patience et de foi. J'ai toujours pensé que le congé de maternité devrait commencer à la conception. Ce qui n'est pas normal, c'est de fabriquer la vie en continuant à fonctionner « normalement », ce qui est déjà une anormalité suffisamment achevée en temps « normal ».

Lorsqu'on songe aux sacrifices à venir (et ceux que vous faites déjà, sans compter le tour de taille qui va vous inquiéter), on ne pense jamais qu'ils sont faits de plein gré, dans un mouvement qui vient du cœur et ne songe qu'à donner. Sacrifier quoi, au fait? Tout ce qu'on sacrifie dans la maternité se fait au nom de l'amour, du don de soi, de l'espoir que sera demain. Ce n'est pas une religion mais vous venez de mettre un doigt dans l'engrenage de la joie, sans le savoir. Et curieusement, cette joie commence par un formidable haut-le-cœur, système de défense qu'a trouvé la nature pour protéger cette formation de molécules fragiles.

Difficile d'aimer ce qu'on ne connaît pas encore. Mais il n'est pas nécessaire de tout comprendre pour aimer.

Vous avez attrapé le plus beau virus qui soit. Et je vous le souhaite virulent.

Josée ▎

L'arrache-cœur

Hier soir, j'ai dormi seule dans la maison pour la première fois depuis sa naissance. J'ai déposé monsieur B., deux ans et demi, chez son père pour la nuit. Un nouveau mode de garde que nous essayons. Vingt-quatre heures loin du giron, des doudous, des toutous, des coucous, des odeurs mitonnées et des repères familiers.

Samedi soir sur la planète Terre et c'est moi qui avais perdu mon repère. J'étais préparée mais je n'avais pas fait de plans pour « profiter » de ma soirée, ne sachant pas très bien où trouver le profit d'ailleurs.

J'aurais pu aller danser le tango, faire mon épicerie, essayer des rouges à lèvres à la pharmacie, terminer la nuit dans un club échangiste, me louer un film plate, lire un livre de poésie.

J'ai choisi le cloître, un bain chaud, un coup de fil réconfortant à ma « pivelée » préférée et le silence de l'insoutenable absence. J'ai regardé ma nouvelle vie bien en face avant de m'endormir comme une amoureuse déchue. Vingt-quatre heures, c'est presque rien, imaginez une semaine !

J'ai reconnu le pincement désagréable que doivent ressentir les parents à qui un enfant annonce qu'il les quitte.

Déjà, mon poussin ? Es-tu certain que tu vas pouvoir changer ta couche tout seul ? █

Mono et stéréo

Être monoparentale nous pousse dans nos derniers retranchements. Une chance que la technologie vole à notre secours. Namour a enregistré une courte vidéo à l'intention de Mister B. avant de partir. Deux fois par jour, après le brossage des dents, je l'installe devant l'ordi et j'active la vidéo. Tout à coup, son visage s'éclaire et ses huit dents plus quatre en route font leur apparition. PAPA ! Mon B. rigole franc durant les deux minutes de « Allô mon pou, je te dis banane, ananas, ananas, banane, c'est papa ! » Et puis il fait des bye-bye à son papa en disant « baba papa ».

J'ai aussi trouvé un autre usage pour le moniteur de bébé que j'avais rangé depuis quelques mois. Pour essayer de calmer fiston la nuit sans avoir à me lever, j'ai inversé les deux bouts du bidule. C'est mon B. qui m'entend et surveille mon sommeil ! Génial ! Lorsqu'il fait mine de vouloir prendre un chocolat chaud à trois heures du mat, je fais « Chuuuuuutttttt ! dodo ! » et il se recouche sagement.

Parents virtuels ou parents dénaturés ? Je ne sais pas ce que le Dr Spock en dirait… ▮

Co-parent
non-cohabitant

Mon co-parent non-cohabitant rentre demain de son safari en Afrique qui a duré trois semaines.

Môman a hâte, elle est sur les rotules. Fiston pète des crises régulièrement et se possède de moins en moins.

– Mon B., j'aimerais ça que tu sois gentil !

– Moi, ze vais être zentil quand mon papa il va être là, parce que moi zaime ça quand mon papa il est là.

Et après ça on dira que les enfants ne sont pas clairs. Comme m'a fait remarquer une amie récemment, quand tu es une famille séparée, tu es constamment déchirée entre l'épuisement et la peine de voir ton oisillon partir.

Et j'ai choisi ce moment pour abandonner les couches !

La méthode la plus hard qui m'a été conseillée ? Un lecteur qui l'a appliquée avec ses deux enfants sur les conseils du pédiatre !

Si fiston fait un dégât dans sa culotte, tu lui fais prendre un bain d'eau chaude et tu lui dis d'un ton ferme : « J'aurais aimé que tu fasses ton pipi-caca sur le pot. »

Lorsque fiston refait un dégât, tu lui fais reprendre un bain avec de l'eau un peu plus tiède et tu redis d'un ton ferme : « J'aurais aimé que... »

Au bout de trois jours, lorsque l'eau du bain est glacée, fiston hurle mais il ne fait plus de dégât et il a compris.

Le papi pédiatre de mon fils, à qui j'ai relaté l'anecdote, m'a parlé de conditionnement par la douleur.

J'imagine que deux parents peuvent se livrer à cet exercice en se soutenant mutuellement dans le sadisme de l'apprentissage, quoique j'en serais incapable. Mais une mono ? Vous voulez rigoler ? C'est assez pour que les pompiers débarquent.

Mon co-parent non-cohabitant ne serait sûrement pas d'accord. Et je me dis que ce sera un peu plus long, un peu plus salissant mais que mon fils n'attrapera pas le rhume en chemin.

Et puis, ça ressemble à des méthodes d'asile psychiatrique, non ? Brrrrrrrrr !

* * *

– Co-parent non-cohabitant ? m'a dit mon copain Bernard qui est grand-père, s'est séparé il y a très longtemps et est resté en très bons termes avec sa co-parente.

– Co-parent non-cohabitant. C'est la nouvelle terminologie.

– Attends ! Je vais l'écrire, ça va faire rire mes chums de golf !

Décevoir

Décevoir un enfant, c'est toujours triste. Décevoir un adulte, l'enfant au cœur de cet adulte, c'est encore pire.

L'enfant pleure un bon coup, fait la moue, et c'est fini. Tu sors tes Kleenex, tu rassures, tu lui changes les idées avec une chanson de *Passe-Partout*, tu lui fais une autre promesse que tu essaieras de tenir cette fois. L'enfant te croit. L'enfant croit toujours.

Pause... pensée bouddhiste du moine Matthieu Ricard :
« Enfants, vieillards, vagabonds rient facilement de bon cœur : ils n'ont rien à perdre et espèrent peu. Il y a dans le renoncement une délicieuse saveur de simplicité, de paix profonde. »

Décevoir l'adulte, c'est raviver toutes ces déceptions d'enfant d'un seul coup, toutes les fêtes annulées, les pique-niques ratés, les crèmes glacées refusées, les vélos volés. Décevoir un adulte à qui on avait promis mer et monde, c'est se colleter à un enfant jamais jamais jamais consolé de sa barbe à papa qui vient de s'effoirer sur le trottoir, de son écureuil de Pâques qui a fondu au soleil et de toutes les fois où papa n'a pas pu être là à temps pour son tournoi de soccer.

Tu peux toujours promettre encore, mais l'adulte te croit plus.
Et celui qui déçoit est à son tour déçu... ▌

Photographiée par Martine Doucet au marché Atwater.
Trente-huitième semaine...

Un sein vers La Mecque et l'autre pour le mec

Nous avons les deux pieds dans le lac des Deux-Montagnes, à Cap-Saint-Jacques.

Samedi après-midi, la mer est calme et la fin du monde n'est pas passée par ici. En compagnie d'une famille de musulmans (hommes et femmes séparés, chacun leur table), nous avons pique-niqué avec nos trois gars, un presque quatre ans, un bientôt trois et un quatorze mois. Du sport, et pas seulement aquatique. Les enfants de la famille musulmane viennent nous piquer des tomates ou de la crème solaire. Ça se fait dans la bonne humeur et le respect des différences.

Bibi fait remarquer que nous n'avons pas apporté une seule bouteille de vin. Pas trop alcoolos les mamans ! Mais l'évidence nous saute au visage : nous avons pensé aux quatre groupes alimentaires en oubliant le plus important : de quoi nous faire baisser les épaules de cinq centimètres et nous ouvrir l'appétit. Nos voisins de gazon boivent du thé et du Coke. Notre religion (super organisées mais encore pas assez !) nous condamne à l'eau plate.

De cette journée à « la plage », je conserve l'image de Bibi, supervisant son « milieu » (son premier gars né après sa sœur aînée, sa « première ») tandis qu'elle allaite son « dernier » (son deuxième gars), debout, les deux pieds dans l'eau brune et le fond de sa culotte courte complètement mouillé. Ma chum a l'art de se sacrer de ce qu'on pense d'elle. D'ailleurs, elle en serait la première surprise. Quand on ressemble à la Vénus de Botticelli, on peut tout se permettre.

Les cinq musulmanes, vêtues pour affronter les rigueurs de la saison, c'est-à-dire de la tête aux pieds, descendent nous rejoindre sur la grève mais sans jamais se mouiller. Elles rient en passant près de nous. J'ai pensé qu'elles devaient échanger de bonnes blagues sur cette grande rousse décoiffée, au sein arrogant et au bébé assoiffé.

Les mères qui allaitent sur le tard (passé trois mois!) se font toujours regarder en biais. Et quand le bébé a l'âge de soulever le gaminet de sa génitrice et de dire « Maman, puis-je me lover contre ton sein pour recevoir ma dose quotidienne de calcium », c'est pire!

La journée s'est achevée sur un monsieur B. qui voulait absolument me boire les deux seins et comprendre le mystère de la vie.

– Pourquoi il n'y a plus de lait dans tes seins, maman?

– Parce que tu es capable de boire au verre, mon chéri! █

Il n'y a qu'une seule première fois.

J'ai eu mon B. au téléphone ce matin. Il est en vacances chez papa. Et les vacances lui font autant de bien qu'à un PDG de pétrolière. Il est plus détendu, plus taquin, espiègle, confiant, verbo-moteur et tannant. J'ai eu droit à une description de sa première visite au parc Safari, le chameau qui passe sa tête dans la fenêtre de l'auto. Salut l'ami, t'as pas des peanuts à bouffer ?

Très impressionné mon petit lionceau :

– Il ne m'a pas mangé le chameau, maman.

– Ah non ?

– Pourquoi ?

Je ne sais pas pourquoi, mon chéri d'amour, probablement qu'il est herbivore ou qu'il t'aurait préféré apprêté au pesto de tomates séchées. Moi, je te mangerais tout rond, en commençant par les orteils, et je suis plutôt d'un naturel herbivore. Je vis même en captivité.

Mais tout ce qui m'importe pour l'instant, c'est que tu rentres avec tous tes morceaux de ce périple dans le désert, la jungle, les cascades d'eau mangeuses de chair et les Luna Parks déglingués.

Au fond, ce qui me désole le plus, ce sont toutes ces « premières fois » dont je suis dépossédée. Je le dis sans amertume, simple constatation, sachant bien que c'est moi qui suis privée de cette « première fois », cette dose d'émerveillement essentiel qu'on ne trouve pas dans les multivitamines matutinales.

C'est le réel malheur des familles disloquées. Cet été, j'ai vu monsieur B. apprivoiser l'eau dans sa veste nautique avec un sourire béat, une jouissance frisant l'orgasme qui avait déjà disparu la seconde fois. L'innocence ne dure que quinze minutes. Et on passe le plus clair de notre existence à tenter de reproduire ce minable délicieux quart d'heure. ▌

Wherever you go,
there you are !

- Anonyme

I luv NY

J'ai pas encore lu mes journaux. De toute façon, c'est l'heure des bilans.

Pas difficile de me rappeler où j'étais il y a cinq ans. C'est court et c'est très long cinq ans. Il se passe un tas de trucs dans la vie d'un homme en cinq ans. On meurt à un tas de choses. Et on renaît de ses cendres aussi, comme le phénix.

Ce matin-là, mon frère m'a appelée des Cantons-de-l'Est, où il peinait sur sa thèse de doctorat.

– Ouvre ta télé à CNN ! Un avion est rentré dans le World Trade Center à New York !

Nous sommes restés au téléphone, muets. Moi, nue sur le canapé (je sortais de la douche), les cheveux enveloppés dans une serviette. Nous avons vu le second avion percuter la tour jumelle et l'*anchor* de CNN hurler : « *It's a terrorist attack against the United States !!* »

– Heiiiiinnnnnnnn ! Elles vont s'effondrer ! ai-je crié.

– Ben non, c'est fait solide, a tenté mon frère, un peu hésitant.

Trois heures plus tard, j'étais en route pour New York avec mon ex, cousin, amant, collègue, *your pick* !

Batman et Robin, c'était nous. À l'époque, c'était facile de partir. Je n'ai eu que le chat à planquer chez la voisine bretonne dont j'avais la clé. Oublie pas les plantes, ma Virgo, je te fais signe.

En route, j'appelle le frangin :

– Tu devineras jamais d'où je t'appelle ?

– Non... New York ?

– Pas encore mais on est presque rendus à Lacolle !

– &?%$&(%(# de folle. T'es avec qui ?

– Benoît...

– O.K. d'abord. T'es *safe*.

Un gars qui obtient l'approbation de mon frère simili-salami en temps de guerre, est un gars irréprochable. Rambo soi-même.

Nous ne savions même pas si on nous laisserait passer à la douane. Mon boss avait même tenté de me décourager. Mais je pense qu'il redoutait les retombées du compte de dépenses :

– Tu passeras pas. C'est la paranoïa.

Les blondes passent partout, c'est uniquement pour cette raison que Rambo m'avait emmenée avec lui. Nous sommes entrés dans ce foutu pays comme un avion dans une tour de Babel. Le douanier nous a regardés d'un drôle d'air :

– Tout le monde essaie de partir de là et vous, vous y allez ? Vous faites quoi dans la vie ?

Mythomanes. Conteurs. Chroniqueurs. Albert Londres *wannabe*.

On ne savait rien. Y avait-il de l'eau ? Des médicaments ? Est-ce qu'il y aurait d'autres attaques, notamment bactériologiques ? Nous écoutions tous les postes de radio en même temps. Huit heures, c'est long pour alimenter la peur et se faire des scénarios dignes de De Palma et Spielberg réunis. Quand j'y repense, ce départ précipité ressemble tout à fait aux deux Béliers (moi, as-cendant Lion, lui ascendant Bélier !) que nous sommes : irréflé-chis, impulsifs, suicidaires.

Cette nuit-là, dans notre motel de banlieue, je me suis réveillée littéralement grimpée dans les rideaux. Je suis somnambule à mes heures, surtout la nuit. On appelle ça des chocs post-traumatiques. J'ai fait des cauchemars durant des semaines après ce voyage.

Le lendemain matin, nous marchions sur Fifth Avenue. Je veux dire DANS Fifth Avenue. Je veux dire EN PLEIN CENTRE de la rue. On avait demandé aux New-Yorkais de se planquer chez eux et ils obéissaient comme des Gaulois qui ont peur que le ciel leur tombe sur la tête.

Rambo et moi nous sommes rapprochés le plus possible du périmètre de sécurité (tout le district financier). New York ressemblait à Woody Allen sans son psychanalyste. Névrosé, incrédule, *why me ?* Tous ceux qui avaient arrêté de fumer en 2001 avaient au moins une bonne raison de recommencer.

Je vous épargne les larmes. *The rest is history.* ▌

P.-S. : Le testament est dans le premier tiroir.

Chaque fois que je prends l'avion, je fais une petite liste des cossins à léguer si jamais je me crashe.

– Je préférerais que tu disparaisses au large en bateau, m'a gentiment souligné don Juan.

– Moi, je choisis Air Canada, c'est plus expéditif.

– Ah non ! C'est moi qui vais être pogné avec le souvenir pendant quarante ans. J'aime mieux savoir que tu es retournée à la mer. C'est moins violent.

Bon, don Juan mérite la gouache de Bruce Roberts au-dessus de mon foyer pour cette réplique romantique.

– Tu me lègues ton fils ? m'a demandé mon frangin.

– *You wish* ! Je ne veux pas en faire un Américain.

Je lègue à mon frère toute ma collection de livres de Félix Leclerc chez Henri Rivard éditeur, pour qu'il n'oublie jamais que les racines de ses névroses sont au Québec. Et tous mes livres de cul, faut que ça reste dans la famille. Et ça libère des névroses.

À part ça ? La tête de chevreuil à Namour, ma collection de coquetiers à Anne. Mon hamac double ? À don Juan aussi, il comprendra pourquoi. Il me semble qu'on s'est débarrassés de deux ou trois névroses là-dedans.

En foi de quoi, j'ai signé, à Montréal, ce 10 août 2006. ▌

BURT'S BEES

LEMON BUTTER CRÈME POUR CUTICULES
CUTICLE CRÈME
AU BEURRE DE CITRON

70 US
→ S. Miguel

guel/viajes.com

iulos / Quick

Adè be

Boer

max

278-717

Entre Bretagne et montagne

Hier matin, je me suis réveillée en Chartreuse. Un temps à ne pas mettre une Québécoise dehors. De la neige, du vent, mais avec un horizon, pfffff, quel horizon. Des montagnes qui vous rappellent la petitesse de l'Homme, un appel au large, à la grandeur et au dépassement. Je me suis dépassée.

Je me suis payé un micro-voyage dans le voyage. Sitôt mes valises posées en Bretagne chez Virgo et son héritier, je suis repartie vers les pré-Alpes, voir ailleurs si j'y suis. Et j'y étais. Lui aussi. Un peu Dieu, un peu disciple, un peu accroché dans ses nuages. Je ne sais plus qui a eu l'initiative de cette parenthèse. Sûrement moi, c'est totalement mon genre. Je débarquais pour trente heures. Il m'a trouvée barge de traverser le pays rien que pour voir sa tronche dans la neige alpine. Mais je suis faite de cette neige-là : fine, poudreuse et éternelle.

Je me suis baladée dans le Vercors, perdue dans un sentier, un passage à chamois.

Le seul chamois que j'ai aperçu faisait un mètre quatre-vingt-trois et portait une tuque. Le long d'une petite rivière nous avons fait des bonds de chamois. Ça nous a ouvert l'appétit. Nous sommes allés manger dans un petit resto attenant à un zinc. J'ai goûté aux ravioles aux cèpes, spécialité locale qui s'apparente aux mini-raviolis, dans une crème tout à fait française.

J'ai dormi à l'arrière d'une camionnette, sa deuxième maison, sur un matelas de mousse, blottie dans son sac de couchage, tandis qu'il nous emmenait dans ses montagnes, sa Chartreuse. Je ne connais pas de *feeling* d'abandon plus puissant que de se laisser trimballer en auto, à moitié endormie. Il assurait, je faisais confiance au destin. Je me suis réveillée dans un chalet de montagne. On a chanté Renaud qui chantait Brassens, on a médité et on a parlé. On a aussi fait la grass'mat. J'ai presque pris l'accent, m'en voulez pas. En tout cas, on a pris quelques photos pour se rappeler qu'on y était au lieu d'avoir à se pincer après.

Juste avant de me ramener à l'aéroport, vingt-neuf heures plus tard, il m'a balancé son secret, son nœud, son dilemme. Et là, là, juste là, j'ai compris pourquoi je m'étais tapé sept mille kilomètres pour venir le trouver. Il m'a dit : « Tu es un ange qui est passé dans ma vie. »

Voilà, un ange est passé mais dans ces coins-là, la neige reste. ▌

Retour à la normale

– *Hi sist !*

– *Hi bro !*

– J'ai lu ton blogue ! Tu m'avais pas dit que tu allais en Chartreuse...

– Un détail...

– Tsé que c'est pas un gars pour toi, hein ?...

– Meuh oui.

– *Just checking !*

– On est comme frères et sœurs, je t'assure.

– Ben moi, j'suis ton vrai frère et je te connais ! Lui, c'est juste un faux frère.

J'adore quand mon petit frère se prend pour un vrai grand frère. ▌

Dur dur, le retour

En sortant de l'aéroport, déjà, j'ai trouvé qu'il y avait plus de gris que de blanc.

Et puis à l'épicerie, j'ai remarqué qu'ils avaient tous l'air de condamnés à vivre. Des tronches sombres, soucieuses, seules, qui manquent d'oxygène essentiel. Ça m'a frappée en plein cœur, comme chaque fois que je rentre des régions, nos régions, l'âme du Québec.

Là-bas (nommez n'importe quel village à plus de quarante-cinq minutes de Montréal), les gens vous parlent, vous regardent dans les yeux, vous sourient même, vous aident, sont contents de recevoir de la visite. J'idéalise à peine. On se sent tellement humain en région.

Ici, dans la grande ville, nous avons la mèche courte, les courriels sont pavés de cynisme, on se pogne pour un oui ou un non, le stress nous fait oublier le civisme essentiel, l'humanité qui détend.

Nous oublions le plus important, nous ménager entre nous. Une recherchiste qui préparait une rencontre avec Benoît Lacroix (quatre-vingt-onze ans) pour une émission à RDI me demande ce matin :

– Et savez-vous s'il a des projets importants qui s'en viennent ? a-t-elle demandé.

– À part mourir, je n'en vois pas d'autre.

J'ai senti, à sa façon de terminer l'entretien, que c'était trop de réalisme déconcertant ou de sagesse paysanne pour elle.

Décidément, faut pas me sortir de la ville trop longtemps. Je perds le sens des priorités : l'efficacité, le cash, le rendement. Mourir, c'est seulement payant pour Urgel...

Comme dit le père Lacroix, c'est le pouvoir économique qui mène tout (même votre humeur) et il est dangereux parce qu'il est silencieux ! ▌

L'idée d'être un symbole me déplaît, mais si je dois être le symbole de quelque chose, je préfère que ce soit du sexe.

- Marilyn Monroe

Retouchons, retouchons !

O.K., parlons-en. Ça me démange finalement. Et depuis que j'ai appris que *Le Nouvel Observateur* avait osé retoucher la photo de Simone de Beauvoir, qu'on lui avait gommé de la cellulite aux fesses pour correspondre aux normes esthétiques de notre époque, je fulmine. On voulait montrer quoi au juste ? Une féministe bien dans sa peau et qui porte sa quarantaine avec panache ou une pin up qui se refait une beauté ?

Est-ce qu'on peut sincèrement penser que Simone de Beauvoir serait fière de faire la une d'un magazine grand public de cette façon ? Pas certaine. La nudité n'est plus ce qu'elle était jadis. Et me voir retouchée par Photoshop, je hurlerais dans ma tombe. L'affront est dévastateur. Sans parler de la désacralisation de l'intimité. Comme personnage public, il y a ce qu'on veut montrer et ce qu'on veut garder pour soi. Montrer son cul est une décision personnelle. Et comme je doute qu'on lui ait demandé son avis...

Ce n'est pas un geste de liberté féministe de montrer son cul ; ce n'est pas comme brûler un soutien-gorge en signe de protestation. Montrer son derrière est à la portée de n'importe quelle danseuse de club, bimbo peinturlurée de l'école secondaire, aspirante strip-teaseuse qui prend des cours dans un sex-shop de la rue Saint-Laurent pour émoustiller son chum dans la chambre à coucher. Mais il faut y consentir. De son plein gré. La nudité est le dernier rempart qui nous reste contre les téléréalités de notre époque. La libido est en perte de vitesse parce que, justement, on ne sait plus tracer de frontière entre désir et provoc. Il n'y a pas d'espace pour rêver. Comme l'écrivait si bien cette féministe de la première cuvée : « Ce qu'il y a de scandaleux dans le scandale, c'est qu'on s'y habitue. »

Mon commentaire n'a rien à voir avec les qualités esthétiques de cette photo de Beauvoir mais avec ce qu'elle charrie. Et on ne pourra pas m'accuser d'être prude ou féministe de première ligne.

* * *

Récemment, ma copine Bibi me posait une question que seule une chum qui te fréquente depuis très longtemps peut oser : « Ça t'a jamais dérangée tes petits seins ? » La question me dérangeait d'autant moins que Bibi est en admiration totale devant mes petits seins que je porte sans soutien-gorge, même après un an d'allaitement. Je n'ai jamais brûlé mes *push-up*, j'en porte rarement. Le seul abonnement que j'ai eu avec le soutif, c'est celui de la maternité. Fin de l'épisode, je suis retournée « nature ». C'est moi ça. Je ne supporte pas les entraves corporelles, même pas les cols roulés, c'est dire ! Faut bien qu'il y ait un avantage à ne pas remplir la main d'un honnête homme. De toute façon, « la beauté se raconte encore moins que le bonheur », écrivait encore Simone.

Bien des gars ont essayé de me faire engraisser en s'imaginant que je passerais d'un 36AA à un 36D mais je les ai envoyés valser.

J'ai souffert, comme toutes les adolescentes, de cette « injustice » de la nature. J'ai appris à miser sur ce que j'avais en plus.

Heureusement pour moi, mon époque ne retouchait pas le cul de Simone de Beauvoir. Et si, dans cinquante ans, il devait y avoir une photo de moi publiée avec du 36D, je serais contente d'être morte.

Enfin. █

La petite sirène

Vendredi soir sur le *Sedna*. Je prends l'apéro avec mon ami Johnny, le gardien du légendaire trois-mâts.

Elle descend l'escalier qui mène au « carré », la salle à manger de l'équipage.

« Tiens, une sirène », me dis-je.

Johnny pique un fard. Mon B., quatre ans, se tortille dans tous les sens. Petits ou grands, leurs hormones sont au galop. Même moi, elle me fait de l'effet.

Elle s'en va voir Björk en spectacle à côté, elle passait dire bonjour-bonsoir-bonne nuit. On ne sait plus trop. On voudrait voir l'aurore et le crépuscule sur sa peau. Elle a beaucoup de bouts de peau à offrir au regard. Un t-shirt qui se déploie sur sa poitrine qu'on devine ferme, le nombril à l'air comme il se doit, une mini-jupe en denim qui laisse filer les jambes nues. Il fait chaud, septembre paresse et les sens amollis se réveillent à sa vue.

En trois minutes, nous sommes déjà dans le vif du sujet, sous l'œil amusé de Johnny qui prépare le riz aux fruits de mer. J'ai mentionné qu'elle a vingt-trois ans ?

– Moi, j'ai fait anthropo et maintenant je comprends la nature de l'homme, dit-elle.

– Et c'est quoi sa nature ? demande Joblo innocemment.

– Il faut qu'il plante des graines partout. Il n'est pas fidèle.

J'avoue que j'ai compris tous les hommes de la terre de ne pas l'être une fois la petite sirène disparue. Que voulez-vous... Tant d'œstrogènes en concentré. Une statue de chair qui suinte. Un

tourment ambulant qui vient faire ses griffes sur deux pauvres marins. Mise expressément sur le pont pour tester la volonté et l'endurance. Mais ce sont des durs de durs. Et ils comprennent la nature de la femme...█

Fantasmes
et petit flocon

L'âge des ténèbres encore. Mais sous quarante centimètres de neige, cette fois. Rêver une femme, la fantasmer, est plus commode que la vivre, la porter, essuyer ses larmes, faire face à sa vulnérabilité.

J'ai un ami qui me disait récemment que j'étais un « fantasme » masculin. Oh, ça va, je ne me prends pas pour Diane Kruger ni Caroline Néron, mais dès qu'une femme publique parle de sexe, aime les hommes et leur semble désinhibée, c'est plus fort qu'eux, ils l'imaginent dans leur douche, leur cabanon de jardin, au pieu.

Grand bien leur fasse.

J'exagère ? À peine. Encore hier, tiens. Le gars m'envoyait de gros appels de phares depuis six mois. Je l'invite à se tricoter un Noël blanc dans mon salon de Shéhérazade : bouteilles de bulles, lunch préparé par la voisine (qui s'occupait même de mon B., ça c'est du service de dépannage pour une maman indigne !), Frank Sinatra qui vous chante Noël, Ella aussi, tempête assurée. Je vous épargne les détails, ils sont encore trop cruels, mais le gars est reparti la queue entre les jambes, se mesurant soudainement à son fantasme et complètement incapable d'assurer. « J'ai peur de tomber pour toi… » *Famous last words.*

Il y a deux jours, il m'écrivait : « Faut que je te prenne dans mes bras » et m'appelait « petit flocon ».

Le flocon a fondu entre ses bras comme un fantasme sous la réalité crue du jour.

J'ai appelé mon amie Anne, un peu paf, siphonnant la deuxième bouteille de bulles laissée en plan par don Juan, digérant mal l'humiliation.

– Anne ! J'en ai marre d'être un fantassssssssme !!!!!!! ▌

Party de bureau

J'ai enfilé ma robe longue et mes gants noirs. Mon kit Rita Hayworth...

Ça vous chasse les bleus, le temps de le dire.

Vous n'avez d'autre choix que d'assumer, la vie, l'amour, les hommes, votre féminité, votre démarche, votre sourire, les lendemains qui chantent. Une posture, quoi. L'effet gant m'a toujours laissée un peu pantoise. C'est comme l'ombrelle chinoise pour me protéger du soleil l'été, elle donne des torticolis aux hommes que je croise dans la rue.

Nous discutons entre collègues, Sophie Durocher, Jacques Godbout et moi. Godbout, un gentleman, fait un commentaire sur les gants, comme de bien entendu.

Moi : « Je n'ai jamais très bien compris l'effet que ça faisait aux hommes. Ça fait appel à quel fantasme au juste ? »

Sophie : « C'est simple, la femme à gants laisse entendre qu'elle a porté, porte ou portera un porte-jarretelles. »

Moi : « ... ! »

Sophie : « Vous avez remarqué, Jacques, comme elle ne dit rien ? »

P.-S. : Au gars qui m'a demandé (à une heure du mat) à quel étage je travaillais. On me trouve à l'étage des objets perdus... avec les gants !

J'ai tant aimé vos queues.

Ma copine Bibi m'a demandé de lui écrire une chanson. J'ai rien trouvé de mieux que ces quelques rimes coquines. Bibi m'a dit que même Marie-Chantal Toupin pourrait pas la livrer, qu'il y a certaines choses qu'on ne peut pas chanter, même tard le soir dans un bar. Je comprends pas, pourtant j'y avais mis tout mon cœur...

Je vous ai aimées à la queue leu leu
Comme des dieux orphelins et orgueilleux
Je vous ai aimées comme on pardonne
Nous sommes trop bonnes

Votre solitude m'a touchée
Vos phares m'ont aveuglée
Empalée sur vos pieux braqués

Je vous ai sucées puis recrachées
Je vous ai léchées, avalées,
Je vous ai vomies, Dieu sait où
Je vous ai séduites pour mieux me déposséder
Vous m'avez soumise, à genoux
J'ai murmuré des incantations devant vos ifs
Dictateurs fertiles et vindicatifs

Je me suis déviergée, désâmée, époumonée
Je me suis révoltée, criée, pâmée
Je vous ai fait baver comme des débutantes
Je vous ai fait gicler sur demande
Vous vous êtes vengées, m'avez fait pleurer, prostrée
Avec vous, demain était un jour nouveau
Demain était une autre nuit
Et la faim justifiait tous les maux

Je vous ai fait rêver de tous mes grains de peau
J'ai admiré votre vaillance
Fières, au travail comme au repos
J'ai consolé vos défaillances
On parle toujours trop

Si vous le pouviez
Vous supplieriez « encore »
Et moi, « je vous aime à mort »
Parce que vous la défiez
Parce que vous la défiez ▌

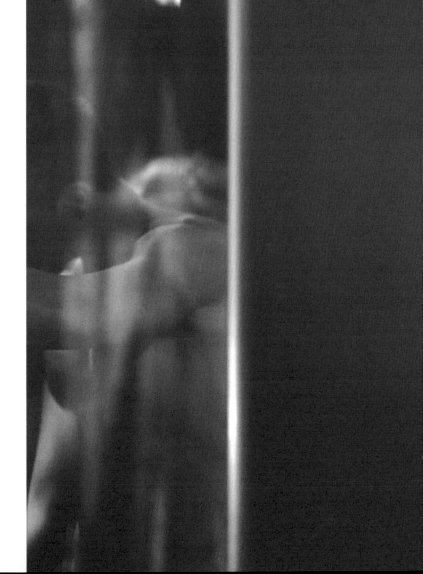

Les pétroleuses

Hier soir, en prenant l'apéro avec la voisine et ses deux copines, nous avons ébauché un plan estival baptisé « Les pétroleuses ». Quatre célibataires, un ramasse-minet et beaucoup de kilométrage en perspective.

Un jour, avec l'éthanol, nous deviendrons peut-être les « blé d'Indeuses » mais en attendant d'autres ressources naturelles fiables, nous carburons aux fantasmes collectifs.

C'est dit, nous investissons dans la décapotable sport, rouge de préférence, vintage au besoin. Nous achetons ledit véhicule à quatre parts égales, en garde partagée, et nous fonçons sur les routes.

L'idée m'est venue après avoir écouté leurs doléances sur la nullité de la drague à Montréal. Les trois Françaises étaient visiblement découragées après une soirée au 281...

– Les filles, on s'achète une décapotable « à crosse ». Ça pogne avec les écolos, les intellos, les jeunots, les vieillots, les nitros. Je vous le jure, l'effet est immédiat, hormonal. Ça leur met du tigre dans le moteur. Et que de facilité d'exécution ! « Tu viens m'aider à remettre le capot de ma BM ? » ou « Tu viens essayer ma décapotable ? » prend un tout autre sens comme invitation lubrique. Zéro résistance. Ils foncent dans le panneau. Tous. Je ne sais même pas pourquoi on se laque les ongles d'orteils alors qu'ils prennent leur pied en nous matant la carrosserie.

Et puis les jupes se soulèvent toutes seules au grand vent. C'est un avantage indéniable.

J'ai également convaincu les Françaises d'investir dans la discothèque de char. Ça fait partie du kit de séduction.

En ce qui me concerne, le dernier disque de Kevin Parent arrive dans le « top cinq ». Un Gaspésien, évidemment...

Mais j'accepte des suggestions internationales.

Et si vous avez un ramasse-minet à vendre, faites-nous signe. Nous sommes preneuses avant l'hiver. Après, nous ferons du pouce.

Ce qu'on appelle
raison de vivre
est en même temps
une excellente raison
de mourir.

- Albert Camus

Sur terre comme au ciel

Il aurait eu soixante-dix ans aujourd'hui, mon papa. On aurait bien fêté ça. Avec du homard et de la salsa de mangue aux poivrons rouges et une salade de riz froide. On aurait ouvert le champagne et j'aurais confectionné un Paris-Brest (pâte à choux, crème pralinée au chocolat), son dessert préféré avec la crème caramel.

Nostalgie, nostalgie.

Monsieur B. me demande régulièrement où est son papi Gilles.

– Il est au ciel, mon cœur...

– Ze le vois pas, maman !

– Il est caché derrière les nuages...

Depuis quelque temps, chaque fois que monsieur B. s'envole vers les nuages dans les balançoires au parc, il s'écrie en souriant :

– Coucou papi Zilles !

Bon anniversaire, papi Zilles... je crois que je vais aller acheter du homard pour ce soir ! Déjà cuit parce que c'est toujours toi qui le faisais cuire et qu'il y a encore des choses que je ne sais pas faire aussi bien que mon papa. ▌

L'anniversaire

Ce matin, je me suis levée du mauvais pied. M'en reste plus qu'un *anyway*. L'autre a pris la vie en grippe, se fait prier, tire de la patte. Il a le moral dans le talon. Normal, il ne danse plus.

Ce matin, le téléphone ne sonnera pas, les cartes électroniques n'ont pas de section « chagrin », « deuil », « parti sans laisser d'adresse » ou « folie ». Et pourtant c'est un anniversaire qui me noue la gorge. Un peu moins chaque année, il est vrai, même si je me souviens avec une acuité terrifiante de chaque seconde qui ont suivi l'annonce de son suicide. Ça ne se raconte même pas, il me reste deux grammes de pudeur.

Quatre ans, c'est le temps qu'il faut pour se remettre un peu d'une telle violence. Je l'ai entendu de la bouche de notre psy national (Corneau), je suis prête à me configurer, me formater.

Là où je ne me conformerai jamais, ça concerne le suicide. J'en parlerai jusqu'à la fin. Par prévention, par provocation, par lucidité, par sympathie, par peur, par désir de défier et de comprendre. J'en parlerai. Que ceux que ça ennuie tournent la page. Mais personne n'est à l'abri, ça aussi c'est ennuyant.

Normalement, j'essaie d'aller faire un tour au cimetière ce jour-là. J'y apporte des lilas, ses fleurs préférées même s'il y était allergique. Une belle métaphore de la vie, ça...

Ce matin je lui offre des lilas virtuels, sous la neige.

Il avait coutume de dire : « C'est pas parce qu'il y a de la neige sur le poêle que le feu est éteint en dedans. »

Ben oui, le feu est éteint, Gilles. Bel et bien. Les lilas reviennent chaque année. Pas toi. Et le pire héritage que tu m'auras laissé est l'obligation d'expliquer à un petit garçon de trois ans et demi pourquoi son papi Zilles il est mort quelques mois avant sa naissance. C'est l'exercice de style le plus ardu auquel je dois faire face régulièrement. T'as pas idée comme ton petit-fils a la tête encore plus dure que toi. Et il ne se satisfait pas des histoires d'abeilles (t'étais allergique aussi) et de lilas, crois-moi.

Va en paix puisque c'est la seule paix qui s'imposait à toi. Il s'en trouve pour t'en vouloir. Pas moi. ▌

Mon pote Languirand ; je suis sa «potesse».

Un ami, c'est quelqu'un
qui vous connaît bien
et qui vous aime quand même.

- Hervé Lauwick

Cuite en rose

Mes amis m'ont rarement connue « lendemain de veille ». Mais une fois par année, la cuite au rosé annonce le début officiel de l'été.

Généralement, la cuite a lieu un vendredi, après une semaine de rude labeur, de *date* ratée, de maternité ardue et de détails qui tuent.

Tu dis *fuck* et tu fermes le thermostat intérieur de la tempérance et du modèle à suivre pour la jeunesse. Tu invites de bons amis, pas trop jeunes, et tu enfiles sans trop t'en apercevoir trois bouteilles à trois. J'aime beaucoup le chiffre trois. Dans un lit aussi, mais c'est plus compliqué le lendemain matin.

Samedi matin j'étais seule et franchement pathétique dans le mien. De rose, j'étais devenue grise puis carrément livide.

Première constatation : merde, il fait beau !

Deuxième constatation : je suis encore en vie et ça fait mal.

Troisième constatation : j'ai organisé un pique-nique. Deux mamans (dont une *out of order*) et trois garçons de deux-trois-quatre ans, c'est le désastre annoncé. Vite ! Les pages jaunes...

– Franck...

– Allô poulette ! Comment vas-tu ?

– Pas trop bien : ça tangue dans l'entrepôt. Tu fais quoi ? T'as envie d'un pique-nique avec trois monstres ?

– J'arrive. Prépare la douche !

Il est arrivé sur ses patins à roulettes, superbe, baraqué, s'est tapé le trajet Sainte-Rose–Côte-des-Neiges dans le temps de le dire, pour venir exhiber ses jambes de dieu et ses biceps déjà dorés. Soixante et un ans, mes amis, et on lui en donnerait quarante-cinq. Si mon fils n'avait pas laissé mon appareil photo chez les voisins, je vous le montrerais, ce n'est que partie remise. Un personnage de roman, ce cher Franck, et il pourrait l'écrire, en plus.

Besoin d'un chauffeur, d'un crémeur de petits (de la soixante, Franck, de la soixante ! Oublie pas les orteils !), d'un changeur de couche, d'un porteur (un sur les épaules qui lui tire les oreilles et trois sacs sur les bras), d'un serveur (rosé ou Perrier, mademoiselle ?), d'un joueur de soccer, d'un distributeur de bisous, d'un maître-nageur, d'un moucheur de nez et d'un accompagnateur pause-pipi ? C'est lui. Il est même conseiller du cœur, je l'ai testé. (Vous, les filles, vous ne soupçonnez pas à quel point vous pouvez impressionner les garçons...)

– Il est meilleur que bien des pères, a commenté mon amie Bibi, ébahie, en me faisant un massage pour me détendre les trapèzes intérieurs.

Entre deux massages, j'ai cuvé mon rosé en remerciant l'amitié d'exister. Et d'avoir placé ce mec sur mon chemin chaotique.

J'ai laissé Franck devant la grosse boule de l'Orange Julep au retour, avec ses rollers et son sourire inaltérable, heureux comme un gosse. Il m'a remerciée pour la superbe journée.

Comme si c'était moi qui lui avais fait un cadeau. ▌

If the phone doesn't ring, it's me.

L'Anglo me sonne. Il fait ça des fois mon ex, en prenant son lunch dans un *greasy spoon* de «Verdump» et en lisant les hebdos locaux. On se jase la bouche pleine dans les quatre langues.

– *Hey! What's up Jo?*

– *Everything down. Like the Mexicans say : ¿ Comó estás? ¡Fatal!*

– *Must be your crotch? I mean, your crutches...*

– *Very funny! I've got cotton diapers under my arms, duck tape to hold it, aluminium crutches. Real cute!*

– *I feel a country song coming along!*

Si, par nature, l'homme
est une bête de sexe,
j'ai toujours eu des animaux
de compagnie.

- Mae West

Dix pour cent homo

Hier soir je placotais au téléphone avec un copain français. Un de ses amis réputé hétéro lui a caressé les fesses au passage tandis que nous essayions de régler deux ou trois équations de physique quantique. Mon interlocuteur semblait un peu gêné et excité par le geste. Enfin, pour ce que j'en devine, je ne suis pas allée vérifier.

– Ton dix pour cent homo vient de se réveiller ? ai-je balancé.

Au fond, est-ce que tous les hétéros n'ont pas un petit dix pour cent homo plutôt latent qui ne demande qu'à éjaculer ? Et parfois le dix pour cent frôlerait le cent pour cent selon la disponibilité, le pourcentage d'alcool et les phases lunaires ?

Basta, je suis trop *deep*, la lune est pleine, je vais me coucher. Seule.

Cent pour cent homo, quoi ! █

Adosexuels

Vous connaissez les métrosexuels et vous connaissez certainement des hobosexuels (ex. : Michael Moore ou VLB). Vous avez peut-être entendu parler des nitrosexuels, immortalisés par le film *Nitro*, gars de char à la Dizzy Racers.

J'ai des voisins nitros qui habitent juste sous mes voisins français avec qui je m'entends comme larrons en foire. Pour les nitros, c'est différent. Disons que leurs habitudes nocturnes sont tout à fait incompatibles avec la petite vie plan-plan et popotte qui est celle de notre quartier. Sortent leurs vidanges quand les rats viennent cogner à leur porte, jouent de la guit électrique à quatre heures du mat, n'ont jamais déblayé un escalier de leur vie et ne connaissent pas l'existence du bac à recyclage.

L'autre jour, j'étais chez mes voisins français avec mon B., qui sautait un peu partout sur le tapis du salon. Les nitros – deux gars dans la trentaine – sont montés pour dire qu'on dérangeait. Oh ! L'aubaine ! Je me suis précipitée à la porte pour leur passer un savon entre les dents. Le nitro en chef m'a regardée d'un air dégoûté du genre : « Kesse tu viens foutre dans notre conversation de mecs, poufiasse ? » Je leur ai fait remarquer que mes proprios n'avaient pas tellement de problèmes avec le « vacarme » de mon fils et que c'était assez ironique qu'ils viennent se plaindre.

– Il doivent penser qu'il est adorable, me répond le nitro-costaud.

– Eh bien, ça explique sûrement pourquoi vous nous dérangez, l'ai-je assommé.

Il a redescendu l'escalier non sans me faire une menace à mots pas couverts du tout. J'étais supposée regretter, trembler, lui faire une pipe, je sais pas trop. J'ai refermé la porte et on a continué à vivre tandis que nos nitros montaient le son de leur PlayStation et claquaient les portes en mettant leur diffuseur d'huile essentielle de cannabis à dix. Bravo.

Hier, en allant sonner chez mes voisins, je remarque le carreau brisé.

Je remarque aussi des traces de sang sur le rideau. Étrangement, c'est le carreau qui permet d'ouvrir la serrure. Ça m'a rappelé l'époque où je vivais avec l'Anglo et son ado et que celui-ci entrait à la maison de cette façon lorsqu'il oubliait ses clés.

Version officielle donnée au propriétaire (qui chauffe le Canada depuis) par les nitros : en voulant déneiger l'entrée, le nitro-costaud qui ne roule des pelles qu'aux filles et jamais à la neige, s'est enfargé et a pété le carreau en essayant de s'agripper à la porte.

Dites ? Ça se termine quand l'adolescence ? Parce que moi, je ne suis pas adomasochiste... ▋

Tête à claques

Hier soir, l'Anglo, *the one and only*, m'a invitée au resto pour service rendu. Rendre service à un ex, c'est toujours payant, même cinq ans plus tard.

En ressortant, nous nous apprêtons à traverser la rue, une auto roule à tombeau ouvert et l'Anglo (moitié irlandais, moitié brit) traverse le passage piéton en se fichant complètement des autos. Bruits de freins, klaxons, ça spine sur la chaussée, je soupire.

Une soirée avec l'Anglo ne peut pas se terminer sans un petit incident dramatique, histoire de faire monter la tension dans la salle.

Je hurle : « *You're crazy or what ? You're playing* Dead man walking ? *You don't even have a will!* »

Et l'Anglo de m'expliquer qu'il était dans son droit, que personne ne respecte les passages piétonniers et qu'il est de son devoir de citoyen de remettre de l'ordre dans Verdun, qu'il a baptisé « Verdump ».

Vous savez ce qu'on dit des Irlandais : aucun principe mais prêts à mourir pour eux. « *You want to get killed just to prove that you're right ? Some things never change.* » Me semble que j'ai déjà prononcé cette phrase-là sur de multiples variations dans une autre vie.

L'Anglo est comme ça. Il mourra au front mais il mourra debout.

Justement, l'auto qui avait failli le frapper s'est arrêtée. Quatre colosses en sont débarqués. Resoupir. On aurait dit une mauvaise pub de Goodyear.

Autre dicton sur les Irlandais : *If it smells like trouble, looks like trouble, feels like trouble, it's fun time.* Je le sais, j'ai eu du fun pendant cinq ans.

J'ai essayé de retenir l'Anglo par la manche, mais il marchait déjà vers le groupe de jeunes qui pensaient l'impressionner. J'étais en position pour courir au poste de police de l'autre côté de la rue. Maudit, pas moyen de digérer mon magret de canard en paix.

J'ai entendu des *F words* et l'Anglo s'est fait bousculer un peu, à peine. J'ai admiré de loin comme il leur a tenu tête, sans broncher. Maudit que j'ai aimé ce gars-là. Et j'avais raison. Une vraie tête à claques mais des couilles tout le tour de la tête. Il s'en fait plus des comme ça.

Les jeunots sont rembarqués dans leur char Gros-Jean comme devant, après avoir reçu une leçon de civisme. Faut dire que l'Anglo vous ouvre la portière de l'auto et vous tend la ceinture de sécurité chaque fois qu'il vous prend comme passager.

Même traitement pour les ex. Ça passerait pour du maniérisme chez un autre mais pour lui, c'est tout simplement de l'ordre du naturel foudroyant. Maudit que j'aime ce maniérisme foudroyant. La grande classe. ▌

C'était l'hiver évidemment...

La TDLG (Traversée de la Gaspésie), c'est beaucoup de montées, quelques descentes et plusieurs scènes de film. Une yourte tibétaine à Percé a servi de décor à celle qui suit...

Même si je me suis gelé les couilles (j'en ai pas mais j'ai de la place pour les mettre) dans la maudite yourte, j'ai été payée en retour. Toute une nuit avec le beau Laurent, qui m'a ronflé dans l'oreille.

– Si tu veux pas que je ronfle, t'as juste à me garder réveillé. *Deal* ? m'a-t-il glissé en m'offrant des p'tits cœurs à la cannelle.

Comment le décrire... Un mètre quatre-vingt-treize de force tranquille. Quatre-vingt-dix-sept kilos de gentillesse et d'humour. Une gueule à ne pas vous donner envie de dormir. Des mains larges comme... j'arrête, c'est pas bon pour ma pression.

Ses parents ont de bons avocats, ses grands-parents me lisent, je suis sous haute surveillance !!!

Note aux parents : À seize ans, ce n'est plus du détournement de mineur, il faut simplement ne pas être en position d'autorité par rapport à eux. Suis-je une autorité, *that's the question*...

« Il venait d'avoir seize ans, il était beau comme un enfant, fort comme un homme. C'était l'hiver évidemment. Et j'ai compté en le voyant, mes nuits d'automne... »

J'ai repassé tout mon répertoire du style durant la soirée, tandis que Laurent jouait du violon avec Hélène Bouchard qui se faisait aller sur l'accordéon dans la yourte. J'ai aussi chanté Reggiani : « Il suffirait de presque rien, peut-être trente années de moins, pour que je te dise je t'aime. »

Je lui ai fredonné *Le bel âge* de Barbara :

« Il avait presque vingt ans, fallait, fallait voireeeee. Sa gueule, c'était bouleversant, fallait voireeee pour croiiiireeeee. À l'abri du grand soleil, je ne l'avais pas vu venir. Ce gosse c'était une merveille, de le voir sourireeeee. »

Avant qu'il s'endorme pour de bon (note à ses parents, *bis* !), je lui ai chuchoté :

– Mon Laurent, colle-toi, fa frette, faut qu'on se parle. Beau comme que t'es, intelligent comme que t'es, tu vas briser des cœurs, c'est certain. Ça prend une éthique, en amour. Viens que je t'explique.

Tout en bouffant ses cigarettes Popeye, il m'a balancé :

– L'éthique, est-ce que c'est quand on se le dit avant de faire des conneries ?

Fuck... J'ai préféré dormir plutôt que de lui dire que j'allais faire une connerie.

Tout miel

Ça doit bien faire quinze ans que je fréquente les bassins pour faire mes longueurs le midi. On finit par connaître son monde, jauger la vitesse, la quantité d'eau déplacée, les affinités aquatiques.

Et puis il y a l'influence des saisons, à ne pas négliger. Février, déjà, nous nous retrouvons entre nous, les fidèles, les avaleurs de kilomètres, les nageurs « sérieux ». Les touristes du Nouvel An et leurs molles résolutions sont déjà repartis depuis deux semaines. C'est chaque automne et chaque début d'année le même rituel. Nous leur faisons une place dans les corridors, ils s'essoufflent, peinent, désynchronisent le mouvement d'ensemble, finissent par sauter un rendez-vous sur deux, puis par disparaître sous la montagne d'excuses qui les attend à la maison.

J'apprécie la natation pour toutes sortes de raisons qui tiennent à l'élément lui-même (pas le chlore, l'eau !), le *low-impact*, la souplesse des horaires, la non-compétition.

Devant le bassin, vous avez quelques secondes ou minutes pour fixer votre choix sur le corridor approprié, selon la couleur du jour. Avec qui partagerez-vous la prochaine demi-heure ? Chaque corridor peut accommoder deux nageurs, chacun son allée. Plus de deux et nous devons nager en boucle, moins agréable pour tout le monde puisqu'il faut ajuster le rythme ou dépasser.

Anyway, lundi je me plante devant un corridor occupé par un gars mince, au style élégant, rapide. Il ne déplace pas trop d'eau, il sait nager. On va pouvoir s'entendre.

Je commence mollement, en me réchauffant les mollets et les trapèzes. Après cinq minutes, j'enclenche le crawl. Ça roule ma poule.

Quelques longueurs plus tard, je m'arrête au bout du corridor pour réajuster mes lunettes. C'est en faisant son *u-turn* et en passant près de moi qu'il m'a lâché : « *C'mon honey ! Keep going !* »

J'ai avalé de travers, un peu décontenancée. Il coursait sans que je m'en doute. Piquée, je l'ai rattrapé. Puis clenché, aller-retour.

Non, je ne suis pas compétitive mais faut pas me chercher non plus. Et je peux courir après un mec sans trop m'essouffler. Mais généralement, vaut mieux les laisser courir (ou nager).

✳ ✳ ✳

Ça ne battra jamais ce nageur (toujours un gars, faut-il s'en étonner ?) qui, il y a quelques mois, est ressorti de « notre » corridor en me disant :

– Bonne nageuse mais tu manques de muscle !

J'ai répondu gentiment :

– Vous êtes entraîneur ?

Le muscle, il n'est pas toujours là où on pense. ▮

Frisous

– Pis ? Ta *date* ? me demande X.

– Il m'a posé un lapin... Ça t'est déjà arrivé à toi ?

– Pfffff. J'ai tout eu : les lapins en chocolat, en civet, même des lapins sans queue (X est gai). Dimanche je me suis fait poser un lapin avec queue.

– Comment ça ?

– Ben, on avait rendez-vous chez moi. Pas de nouvelles. Je décide d'aller au sauna, mais pas celui où je l'ai déjà rencontré. Je l'ai croisé là. J'étais en hostie. Mais je me suis vengé, je l'ai sauté comme un lapin dans le *backroom*.

– Sauté ? Comment tu fais pour faire ça quand t'es en maudit ? demandé-je.

– Y a pas un son qui sort et c'est pas tendre. On n'a pas échangé un mot, répond mon ami.

– ... (sciée je suis, et ça m'en prend).

– Dis, beauté fatale ? Quand on ouvrira notre usine à circoncision, penses-tu qu'on pourra utiliser l'appareil à fromage, tu sais celui qui fait des frisous ?

– Tu veux dire l'appareil à girolles qu'on utilise pour la Tête de Moine ? Quelle riche idée !

– On pourrait sécher les petites peaux et en faire une poudre protéinique qu'on vendrait dans les magasins de plein air ? rajoute X.

– Oui, ou dans les comptoirs d'alimentation naturelle pour les femmes ménopausées. Je suis sûre que c'est énergisant et bourré d'hormones essentielles.

– On s'en reparle ?

– *Sure babe !* En attendant, je cherche un nom pour notre poudre. Tite-bite ?

– Et en anglais : *Small bite.* Ne reste plus qu'à trouver le nom chinois et on est en business ! rigole X.

– Pour le chinois : Tite-vie ou Tite-vite ? Et j'ajouterais un proverbe (chinois *of course !*) : *Être homme est facile, être un homme est difficile !* ▌

Bouffées de chaleur

En lisant le journal ce matin, je me rappelais cette phrase que m'a balancée un mec. Il osait enfin m'aborder hier soir après avoir tout fait pour ne pas me regarder pendant quelques mois.

Je maniais mon éventail espagnol en dentelle et en plastique après plusieurs danses déchaînées... histoire de rafraîchir ce qui me reste de cerveau.

– Déjà les bouffées de chaleur ? a-t-il laissé tomber.

Je l'ai frappé à coups d'éventail. Chanceux, le gars, j'aurais pu sortir mon appareil à girolles... ▌

Homme de cœur

Hier, je jasais avec mon ami L., un gai que je fréquente depuis vingt ans, professionnellement et amicalement. Quand je veux me payer une pinte de rire et des sourires en bonus, je vais manger avec lui. Souvent des tapas chics dans des restos branchés où les gars ont tous l'air métrosexuels ou gais, astiqués, nickel, dépoilés, brillants, mais pas forcément attirants.

D'ailleurs, en lisant la revue *Clin d'Œil* chez mon coiffeur, j'ai appris que nous n'en étions plus au métro ou au über mais au bio, je crois, genre Leonardo di Caprio pour la conscience simili-écolo.

Anyway, c'est encore trop loin de l'homme.

– Tu cherches quoi comme gars ? me demande L.

– Un homme avec du cœur...

– Ça va te prendre un greffé !

Psy un peu juif recherché

Je connais G. depuis, oh là là! depuis matantirelirelo. On n'a pas gardé les cochons ensemble mais c'est à lui que je dois ma première expérience de camping d'hiver, ma première bouchée de pomme de terre crue, la certitude que l'homme est un survivant et que son meilleur ami est son chien.

Mon ami G. est l'ami d'un ami qui est devenu mon ami. J'aime cet homme à l'imaginaire fou, qui n'a jamais rien ménagé pour atteindre la cime de ses désirs. En montagne, de préférence.

Mon ami a fait faillite, on a trouvé son bobo : maniaco-dépressif. On s'en doutait, mais bon... Difficile de dire aux gens : eh! t'as l'air maniaco-dépressif ces derniers temps. J'en connais un rayon ou deux sur la question et il n'y a rien de plus difficile à diagnostiquer et à faire soigner que la maladie mentale.

J'ai croisé G. samedi dernier. Ça m'a pris deux jours à m'en remettre. Il n'avait plus de peau. Je voyais à travers lui. Je l'ai pris dans mes bras mais j'aurais voulu lui construire une armure ; j'aurais voulu élever des barricades autour de lui.

Plus de *bullshit* possible avec les écorchés vifs. On ne peut pas dire « à bientôt », « on se prend un Pernod cet été », « passez nous voir ». On est immédiatement face au mensonge de vivre, à notre discours surréaliste pour échapper à la douleur, à nos mécanismes de défense pour ne pas virer fou. Devant la fragilité de vivre nous n'avons d'autre choix que de nous incliner et avaler la pilule.

G. est dopé par la médication, se cherche un psy aux racines européennes comme lui, juif si possible. Je pensais avoir trouvé, un psy que je voyais lorsque mon papa est mort, merveilleux Paul Sidoun qui vous racontait des histoires de la Torah et avait toujours une façon poétique d'établir des liens entre les méandres du mental et les labyrinthes de la vie. Ce psy merveilleux pratiquait son art entre Jérusalem, Paris et Louis-H. à Montréal. Il n'a plus remis les pieds à Montréal depuis longtemps, m'apprend-on.

Je suis à la recherche d'un psy un peu juif, un peu européen, très humain et pas trop porté sur les pelules pour mon ami G.

Je sais, j'en demande... █

Contre toute espérance

On peut choisir de désespérer. Mais est-ce un choix ? Chez certaines personnes, ça se traduit par une baisse de sérotonine.

On peut choisir de fourrer son prochain. Ça, c'est un véritable choix. Et ça nous revient généralement en pleine gueule. Et pas plus tard que demain. On n'a pas trop d'une vie pour essayer de marcher droit, de trouver sa vérité, de se regarder droit dans les yeux dans le miroir le matin et de se dire : « Je fais de mon mieux et je m'améliore. »

J'ai deux souvenirs d'été qui nourrissent l'espoir au fond de moi et me redonnent la foi lorsque je vacille. Curieusement, ces deux souvenirs ont quelque chose de tabou. L'un en appelle de la nudité, l'autre du toucher. Le premier est une photo de mon fils, nu-fesses sur la plage d'Haldimand, en Gaspésie, s'amusant à faire rouler un billot dans les vagues. C'est l'innocence et la liberté, l'horizon et la fusion avec l'instant présent, que j'embrasse du regard sur mon fond d'écran.

Et puis, il y a monsieur Câlin, rencontré à Gaspé lors du même séjour. Monsieur Câlin m'a donné beaucoup en deux heures et pas seulement des câlins. Avec lui, j'ai retrouvé le sens car son existence en a un. J'ai acheté son livre publié à compte d'auteur. La préface de son amie, la comédienne Pascale Montpetit, est tout à fait amicale et limpide :

« Après avoir lu ton livre, j'ai trouvé le mot pour nommer notre relation : fraternelle et tendre. S'il fallait expliquer ce que sont ces choses à un Martien, je dirais que la fraternité et la tendresse sont ce qui reste quand on a tout perdu.

La fraternité et la tendresse sont les deux matières premières les plus précieuses dans l'univers et pourtant elles ne sont pas cotées en Bourse. »

Pascale parle aussi de la qualité de présence de son ami comédien et de sa disponibilité.

J'ai rarement rencontré quelqu'un d'aussi vrai, d'aussi « dans ses bottines », sur sa route. Son pèlerinage m'a touchée au cœur. Et pourtant, même monsieur Câlin doute :

– Parfois je me dis : « T'as rien d'autre à faire de ta vie ? Donner des câlins ? » Mais les gens m'écrivent, m'inspirent, me disent que je change leur vie. Quelqu'un s'est arrêté sur ma route hier et m'a dit : « Le Christ est en toi. » Deux côtes plus tard, j'ai compris ! T'as rien à faire, il est en toi. Arrête d'essayer d'être. Tu es. Sois. À partir d'ici, je ne suis plus monsieur Câlin ou Martin, je suis un être humain qui partage, un être humain en devenir.

Il m'a laissé deux cartes de « câlin gratuit » à partager avec un étranger. Jusqu'à ce jour, j'ai pas encore eu le *guts* d'ouvrir les bras et de faire ce qu'il fait avec tant de naturel et de générosité. J'y ai pensé avec le serrurier cette semaine, avec les gars de la construction sur mon balcon hier, avec mon propriétaire ce matin. Et je n'ai pas osé. Faire ce que Martin Neufeld a fait cent cinquante mille fois depuis quatre ans exige une totale abnégation de soi et du courage, celui de donner sans penser à comment l'autre nous recevra, en s'exposant au rejet.

Je crois que je vais attaquer la femme de ménage tout à l'heure. Elle s'appelle Eva, c'est un ange. Elle ne me jugera pas, elle croit en Dieu. ▌

Pour qu'un écologiste
soit élu président,
il faudrait
que les arbres votent.

- Coluche

Vieille peau

Un casque de vélo sur la tête, l'air hagard, non, l'air investi, elle poussait son carrosse devant elle. C'est au supermarché qu'elle m'a apostrophée :

– *Is this real fur ?*

Moi, toute fière :

– Oui, c'est le manteau de mon arrière-grand-mère !

Elle m'a glissé sa carte dans la main. C'était écrit en toutes lettres : « *Fur Hurts !* »

– *What am I suppose to do ? The coat is already dead, so is my grandmother's mother !*

Elle a haussé les épaules en s'éloignant :

– *Still a shame to wear it !*

Je suis repassée devant le comptoir des légumes pour voir si elle avait un kiosque de produits bio. Aucune trace. Je suis passée devant le comptoir des cigarettes pour voir si elle avait un kiosque de gomme à mâcher. Du vent. Je l'ai retrouvée devant le comptoir des viandes :

– *Hey ! Don't you know meat hurts ?!* ▊

Solidairement coupables

– Moi, je ne suis plus capable de passer un autre Noël ici à regarder les gens échanger des cadeaux pendant que la planète s'en va s'ul yable. Je pars six semaines à Cuba pour échapper à cette mascarade, me dit-elle.

– T'es au courant que brûler du fioul dans l'atmosphère en prenant l'avion, c'est pas très fort pour l'environnement non plus ? On devrait tous prendre nos vacances au Québec.

– Ben là, charrie pas, Josée !

– Je charrie pas. J'ai arrêté de brûler du bois dans mon foyer en ville pour ne pas contribuer au smog urbain. De toute façon, je mettais le feu chaque fois, c'est plus sécuritaire comme ça. J'ai aussi mis mon chalet en vente parce qu'on m'a fait la remarque que je brûlais de l'essence pour m'y rendre prendre un bol d'air frais. Aller à la campagne est devenu un geste anti-écolo, ma vieille !

– Ben là, Josée, j'habite à la campagne et je viens à Montréal souvent !

– C'est ça que je veux dire... Tout le monde est coupable face à la planète et ce sont les Africains qui vont encore l'avoir sur la gueule. Mais ils ont déjà le sida et quelques massacres à leur actif, ils sont faits forts. Ils peuvent en prendre. Le papa de mon B. est à Nairobi, chaque fois qu'il me raconte ses scoops environnementaux, je déprime solide. Tout ce blabla et si peu de gestes concrets. Si Katrina avait frappé New York, *you bet* que la volonté politique y serait.

(Ce que je constate, c'est que même chez les gens informés et éduqués, ça gueule, ça chiale, ça s'indigne, mais personne n'est prêt à faire davantage que remplir un petit bac vert et apporter son sac recyclable au supermarché. C'est d'ailleurs l'article chic du jour, ça nous donne bonne conscience.)

Moi, je suis contente de ce qui s'en vient. Parce que quand ça va péter, ça va péter fort. Et ça va obliger tout le monde à être solidaire. Partout sur la planète. Fini, chacun sa petite vie dans son petit coin en se crissant des autres. J'ai hâte, tu peux pas savoir.

J'ai raccroché en me disant que je ne devrais peut-être pas vendre le chalet. Me partir une petite commune, faire pousser des légumes-racines pour l'hiver, élever quelques poules. David Suzuki prétend que ceux qui s'en sortiront le mieux dans l'ère après-pétrole, sont ceux qui pourront revenir à une forme d'économie primaire. Martha va nous montrer comment tisser la laine de nos moutons, di Stasio comment baratter du beurre et les chroniqueurs économiques seront condamnés à analyser la bourse du troc. On gagnera notre pain à la sueur de notre front mais sans le pétrir.

– Dans l'ancien temps, mon petit garçon, on achetait du pain dans des sacs en plastique.

– C'est quoi du plastique, mamie ?▐

22 avril tous les jours

Le Jour de la Terre. J'aime cette journée de printemps. Tout explose, toutes les promesses sont là, les volées d'outardes annoncent les naissances à venir, le germe de la vie nous saute au visage, la terre porte ses spores, sent le sperme, la couvée.

J'aime toutes les odeurs que le printemps charrie. J'aime le frais du matin et l'ardeur du soleil qui commence à narguer. J'aime revoir les cardinaux et entendre leur chant énamouré. Le printemps nous traverse.

« À l'occasion du Jour de la Terre, refaisons connaissance, réapprivoisons ce monde du vivant qui nous a mis au monde, respectons sa part de mystère, de fantaisie et de poésie. Il n'est pas nécessaire de tout comprendre pour tomber amoureux. Il suffit d'aimer et de laisser l'instinct faire le reste.

En terminant, je citerai un écrivain, ornithologue et poète de Québec que j'apprécie beaucoup, Pierre Morency, qui a célébré la nature en maintes occasions. Tiré d'*Amouraska*, son dernier recueil de poésie :

"Le vrai vivant de vie est ce qui vient peut-être
à seulement se demander : où est donc
le vrai vivant de vie ? Ce qui est certain
il n'arrive pas de soi à la naissance."

Chez les autochtones, dont la connaissance subtile des saisons nous échappe encore, il y a deux printemps et deux automnes. En ce jour de premier printemps, j'émets le souhait que le vrai vivant de vie ne termine pas ses jours au musée mais que les musées en soient les protecteurs et lui offrent un toit.

Bon Jour de la Terre à vous tous* ! »

---

* Extrait d'une conférence que j'ai donnée au Musée de la civilisation de Québec à l'occasion d'un lancement des activités du Jour de la Terre.

Se battre pour la paix, c'est comme baiser pour retrouver sa virginité.

J'ai choisi cette cause il y a quatre ans. Ou c'est elle qui m'a choisie. Chose certaine, lorsque je donne des entrevues et qu'on me qualifie d'écolo, j'éclate de rire ! Trop facile. En disant ça, on sous-entend : « Vous, les autres, ceux qui militent, nous, c'est pas notre problème, on a une vie ! »

Une recherchiste me disait la semaine dernière :

– Vous parlez au vrai monde, là, madame Blanchette. Le vrai monde a des jobs, est stressé, a des enfants à aller chercher à la garderie et il n'a pas le temps de trier ses déchets dans le bac à recyclage. Pis le vrai monde, il sait pas tout ce que vous me dites, ils ne sont pas journalistes.

– Je vous signale que même les journalistes ont des jobs, sont stressés, ont des enfants et certains prennent même le temps de trier le contenu de leurs bacs. Mais le « vrai monde », comme vous dites, a le temps d'aller magasiner pour une télé HD ? Et le vrai monde va s'installer devant pour regarder les Olympiques ? Et le vrai monde suit le hockey en buvant de la bière ? Le vrai monde n'a pas le temps de s'occuper de son habitat, c'est ce que

vous me dites ? On épuise le contenu et on se crisse du contenant ? Le vrai monde n'est pas informé ou ne veut pas l'être ?
Parce qu'il faut être drôlement borné pour ne pas comprendre
ce qui se passe !

Ça va se terminer comme dab, je le sens.

– Et vous, madame Blanchette, qu'est-ce que vous faites pour
l'environnement ?

– Moi ? Je fais l'amour langoureusement au lieu d'aller magasiner compulsivement. J'essaie de retrouver ma virginité.
« *Fighting for peace is like fucking for virginity.* » Je ne prêche
plus, ça donne rien. Je vais aller voter vert aux prochaines
élections municipales, *just watch me.* C'est au municipal que
ça se passe et c'est le thème du Jour de la Terre cette année :
les écomunicipalités.

Et puis je vais m'installer une corde à linge, c'est ma résolution.
Et je souhaite des mesures draconiennes pour aider « le vrai
monde » à ne plus acheter-jeter-crever, sortir de ce cycle infer-
nal et retrouver la seule chose qui paie pour vrai : le temps.

Stay tuned. ▌

Expliquez-moi
la bave des vipères
Les dents qui nous consument
Au banquet des dollars

- Robbert Fortin

Un chouïa parano

J'ai reçu une carte de mon institution bancaire *canadian* qui disait : « MERCI ! »

« Chère Mme Blanchette,
Merci d'être une cliente loyale de XXX. Nous avons vos affaires à cœur et faisons en sorte que vos expériences bancaires soient extrêmement comfortables. »

Écrit à la main avec un peu de cache-cernes. Je vous fais cadeau des fautes d'orthographe. Mais pour le « comfort », je m'interroge toujours. Suis-je aux soins intensifs ou aux soins longue durée, sous placebo ou sous morphine ? C'est la première fois qu'une institution bancaire se fend d'un mot intime pour m'encourager à lui faire confiance. Y a-t-il anguille sous roche ? La Bourse, c'est *good trip, bad trip*, on le sait ; alors, restez « comfortablement » chez nous, comme dirait notre PM *canadian*.

C'est comme la publicité de Rio Tinto qui prenait toute une page couleur (vert tirant sur l'aluminium) il n'y a pas si longtemps dans le journal. Deux jours après que Dan Bigras eut fait des déclarations, à *Tout le monde en parle,* sur les trois ou quatre gros investisseurs étrangers qui sont en train de dévorer nos ressources naturelles (il parlait de l'électricité qu'on produit pour vendre, de l'eau embouteillée et de Rio Tinto), l'alumnerie nous offre une pub titrée : « Nous produisons du bien-être » et fait référence au Grand Défi Pierre Lavoie, un marathon cycliste pour « promouvoir les saines habitudes de vie auprès des jeunes ». Ils ont les moyens de répliquer, Rio Tinto. Un marathon cycliste, tu parles si ça leur fait un beau mollet à montrer lorsque le jupon de la mondialisation dépasse.

Tiens, ça me fait penser à cette réplique tirée du dernier Amélie Nothomb, *Le fait du prince* :
      « Ne poussez-vous pas la paranoïa un peu loin ?
      – Depuis Kafka, c'est prouvé : si vous n'êtes pas paranoïaque, vous êtes le coupable. » ▮

Consom consom

Entendu à la caisse de la boutique Zone tout à l'heure :

Vendeur :

– Je vais emballer vos achats. Ça devrait me prendre dix minutes.

Cliente (très sérieusement) :

– Pas de problème. Prenez votre temps. Je vais me créer d'autres besoins...

That's the spirit, girl ! ▋

Another milestone

Aujourd'hui, c'est mon anniversaire de naissance bouddhiste, l'anniversaire de mariage de mes parents, également celui de ma conception, 30 juin - 30 mars, faites le calcul. Ma mère m'assure qu'elle s'est mariée vierge et je n'ai aucune raison de ne pas la croire.

Une femme à qui on dit : « Les gens sont cons ! » Et qui vous répond : « C'est pour ça qu'il ne faut en aimer que quelques-uns à la fois », est une femme honnête, non ?

Donc, anniversaire important parce que pour les bouddhistes on ne vient pas au monde en ouvrant les yeux mais dès que papa et maman jouent à papa-maman.

Sont ben ratoureux les bouddhistes.

« Ènéwé », comme dit mon fils.

Comme cadeau d'anniversaire, je m'en vais chercher ma nouvelle bagnole tantôt. Mais surtout, surtout, j'abandonne la grosse « beige » couleur champagne.

Si on m'avait annoncé il y a cinq ans que je serais propriétaire d'une van beige automatique un jour, j'aurais répondu : « Et Elvis n'est pas mort ! »

J'écoutais beaucoup Elvis dans ma van beige, héritée de mon père à sa mort. Quand ma mère m'a appelée pour me l'offrir, j'étais enceinte, je rotais comme un camionneur en auto et tout ce qui demandait une contorsion physique pour me rentrer dans un véhicule tenait du yoga avancé. La van beige m'a sauvée de la fausse couche et du prématuré.

Pour revenir à Elvis, le disque préféré de mon père venait avec son char. Les *Greatest Hits*, rien de moins. Je suis devenue une experte des « harthanhanyéyéyrwohwohwoh ». Je me suis prise pour la blonde d'Elvis Gratton à plus d'une reprise et j'ai conduit cette van comme une vraie « chauffeuse » d'autobus. J'ai parqué sur des dix cennes, j'ai fait crisser les pneus dans la nuit, j'ai roulé en habitante. J'ai allaité dans ma van, j'ai failli accoucher dans ma van et j'ai changé des couches dedans aussi. Je n'habitais plus un six et demi, j'avais aussi une rallonge devant la maison. La seule chose que je n'ai pas faite, c'est d'essayer d'y concevoir mon bébé. Il existait déjà lorsque je l'ai reçue en cadeau.

Et quel cadeau ! C'était pas un char, c'était une navette spatiale. Trois ans plus tard, certains boutons m'apparaissent encore comme des énigmes technologiques.

J'ai abusé des sièges chauffants, j'ai changé les postes de radio avec mes genoux (boutons sur le volant) et j'ai sacré contre cette baquaise qui n'avait pas que des qualités. Trop de boutons équivaut à beaucoup de réparations. Mais je n'osais pas la vendre, j'y étais attachée comme on s'attache aux gens qui ont beaucoup de défauts. Ça les rend humains. Ma van « beige » champagne était devenue humaine.

Cet après-midi, je me sépare de mon père une seconde fois. Je vais chialer un bon coup chez le concessionnaire, remettre les clés au vendeur qui ne comprendra pas qu'on puisse être aussi triste d'écouter Elvis une dernière fois dans une auto qui n'a jamais été faite pour nous. L'être humain est profondément adaptable. Je ne l'ai jamais conduite en matante, plutôt en rockeuse qui sait que son papa veille sur elle et ne permettrait aucun accident.

J'espère que mon ange me suivra dans la prochaine bagnole.

J'entends le tonnerre dehors, c'est peut-être lui.

Allô, papa? Viens-tu essayer mon nouveau char? Ben oui, elle est manuelle! Et on met Elvis si tu veux. █

Just for you darling

Si elle est pas mignonne ma nouvelle bagnole. Toute une journée de vacances pour la dénicher. Le dirlo commercial m'a demandé :

– Vous comptez la garder combien de temps ?

Toute la vie c'taffaire… !

– C'est pas mon chum, c'est mon char et il n'a pas peur de l'engagement. Au moins vingt ans, monsieur.

– Dans ce cas, chère madame, vous apprécierez notre garantie prolongée de sept ans, spécifique et unique à Honda. Vous la prenez sur votre Visa ou par prélèvements mensuels ?

J'ai refusé tous les extras. Tomate, fromage, basilic, ça suffira. Le gars m'a demandé d'apposer mes initiales devant chaque chose DONT JE NE VOULAIS PAS.

L'antirouille, le chauffe-moteur, l'alarme nocturne, le démarreur à distance, le burinage Sherlock et le dispositif de localisation Merlin. Ce qu'il en faut des choses pour rendre son auto fidèle. J'ai mis un gros J. B. en travers de la page et j'ai signé. Tant pis si elle fout le camp, j'en ai vu d'autres.

– Ça vous va ? ai-je demandé au mec des finances.

Il m'a regardée curieusement. Moi aussi. C'était écrit JE VAIS TE FOURRER en grosses lettres sur le contrat que je venais de ne pas signer. Huit plans pour combler tous vos besoins qu'ils disaient. Attends, moi je connais le plan baise, suivi ou précédé du plan bouffe, le plan cinoche qui entamera ou conclura – c'est selon –

et le plan B si le plan A a foiré. Avec les enfoirés, on sait jamais, j'ai même déjà prévu jusqu'à D. Plus, ce serait une insulte au genre humain.

Il en reste quatre de plans : je choisis le plan plan-plan, le plan retraite à cinquante-cinq ans (quarante-cinq si je rencontre ce fameux mécène hongrois que me promet ma tireuse de cartes depuis dix ans), le plan copine parce que les mecs sont vraiment inévitablement pas toujours fiables, le plan « va te faire voir et te ramène pas avant que je t'aie oublié pour de bon ».

Alors, on disait huit plans, c'est fait et bien fait, « la tranquillité d'esprit pièces et main-d'œuvre incluses ». Tu parles, Charles, et les frais d'avocat pour le divorce, c'est toi qui casques aussi ?

On passe au suivant. Mon vendeur donc. Je sais, on dit conseiller et j'ai choisi le mien parce qu'il m'a offert un chocolat chaud en plein été vu que la clim ne souffre pas encore du réchauffement de la planète dans ces coins-là (Décarie et Paré). Je l'ai choisi aussi parce qu'il ne m'a pas fait le coup du « mon plus gros problème, c'est que je suis trop honnête blablabla… ». Non, courtois, efficace, *in your face* : toi cliente, moi paiements sur mon char.

Mon conseiller chinois était habillé d'un gaminet de coureur automobile et m'attendait dans la salle de montre après l'épreuve des chiffres. Il a insisté pour sonner une cloche comme un bedeau d'église (excepté que ces gars-là ne travaillent JAMAIS le dimanche, ni le samedi d'ailleurs… alors vous vous démerdez et vous prenez une journée de congé à vos frais pour vous magasiner une nouvelle caisse). Je disais donc, laquelle cloche avait pour but d'avertir tout le monde dans la shoppe que j'étais une nouvelle propriétaire satisfaite pourvue de huit plans ou pres-que. Tout le monde s'est arrêté de travailler pour m'applaudir à tout rompre. Je voulais rentrer sous le sous-tapis de la moquette de ma nouvelle auto. Je les ai eus gratos les tapis *by the way*. Je ne sais pas trop combien ça vaut mais mon vendeur m'a dit : « *Just for you.* » Ça ressemblait à une toune d'Elvis :

Ne manquait que le darling et je prenais le plan *Chinese for two.* ▐

Préparatifs du week-end

Tout à l'heure, à la caisse du Fétiche Store, j'écoutais un ti-couple discuter achats sérieux. Il tenait un martinet dans sa paume et suppliait sa compagne (c'est lui le maso, si j'ai bien compris).

Whimpy :

– Il est spécial celui-là...

Cruella :

– Tu dis ça à chaque fois.

Whimpy :

– Oui, mais il est à cinquante pour cent !

Cruella :

– On va pas buster le budget ! Pis à cinquante pour cent, c'est encore cinquante pour cent de trop !

Si j'ai bien saisi, la récession frappe déjà et la jeune femme tient les cordons de la bourse bien serrés... ▌

Argument de taille

Pour briser la glace du premier film porno dans une nouvelle relation...

Le gars :

– Chérie ! Ça te tente de regarder un porno ?

La fille :

– On est déjà rendus là ?

Le gars :

– Ben non, mais il faudrait pas attendre que ça aille mal pour s'y rendre. Autant faire ça tout de suite pendant que ça va bien.

La fille :

– Le sexe préventif, hein ? Et la thérapie de couple, on la commence quand ? ▊

La vie est un éclair
mais la mort est sans fin.

- Victor-Lévy Beaulieu

Mon vieux valentin

Ce matin Alban m'a dit de venir chercher ce qu'il voulait me léguer. Une photo de mon fils et lui que Radio-Canada lui a fait parvenir aux frais du contribuable, un cadre avec nous deux, un livre sur la Gaspésie, une lettre de mon père. Je ne sais trop. Mon grand-papa se prépare à mourir mais il veut surtout que nous prenions conscience de l'intensité dans laquelle il vit, avec le spectre de la mort devant les yeux. La lucidité est bien la pire des afflictions d'un vieillard de quatre-vingt-seize ans. Il m'a assurée que si on lui offrait un comprimé pour l'aider à mourir, il refuserait de le prendre en raison de sa religion qui lui interdit de couper court aux souffrances. Maudite religion. Je préfère encore la tragédie grecque. █

Un 8 mars
comme les autres

Alban, mon grand-papa, est aux soins palliatifs, dans une chambre trop étroite et sans horizon. Mais bon, comme il compte en sortir par le plafond, c'est pas si grave que ça. J'ai pris la semaine de congé au journal. À mes frais, bien sûr. C'est ça la conciliation travail-famille !

J'ai passé une bonne partie de la fin de semaine à ses côtés. Je profite de sa lucidité au maximum et je remonte le chenal de ses souvenirs. Tiens, aujourd'hui, il m'a dit le nom de sa mère pour la première fois : Alberta. Joli, non ?

Son père s'appelait Tancrède. Ça, je ne suis pas certaine que ça revienne à la mode tout de suite...

Ce matin je lui ai apporté de la crème glacée, il m'en demandait depuis deux jours. J'avais aussi préparé du sucre à la crème pour la première fois de ma vie (ce qu'on ne ferait pas pour exaucer les dernières volontés d'un mourant !), mais je l'ai raté. « Le secret est dans le brassage », m'a dit Alban. C'était pas écrit dans la recette pour le secret. Ça prend un vieux pour nous dire ces choses-là.

Je lui ai frotté le fond du crâne avec un liquide spécial, je lui ai massé les pieds avec une crème au lait de chèvre, je l'ai nourri, bécoté, caressé. « Ça paraît pas, mais rien que ce que tu me fais là (une petite caresse sans trop y penser sur l'épaule), ça me réchauffe le bras et ça m'enlève la douleur. Chu rendu ben bas ! »

Je suis repartie après lui avoir épluché une clémentine, mis du baume sur les lèvres, donné un bec sur le front.

Quand je suis sortie de l'hôpital, la lumière était violente et le rythme de la ville trop rapide. Comme chaque fois que j'ai le cafard, j'ai décidé de faire un gâteau. Le sucre à la crème raté servira de glaçage.

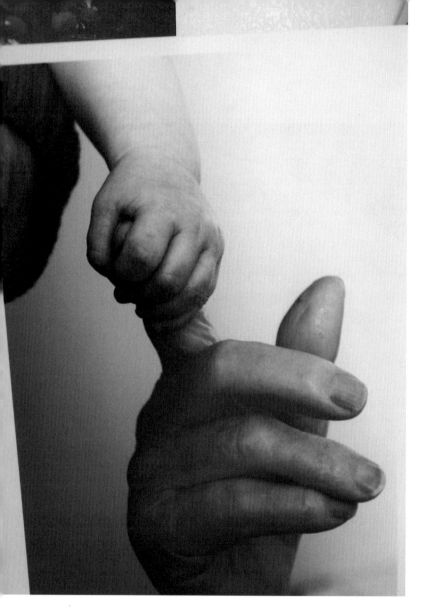

La main de mon B. et celle d'Alban : quatre-vingt-quatorze ans de distance.
Photographiées par Jacques Nadeau.

Le dernier anniversaire

Il avait une tête de mule et un sens de l'humour béton. C'est mon ancêtre, je le connais comme si je l'avais crocheté. Il a eu quatre-vingt-seize ans le 14 mars. Deux jours avant, il m'avait assurée qu'il « tofferait » jusque-là. Le soir du 14, je suis entrée dans sa chambre avec des affiches de l'Anse-à-Blanchette, dans le parc Forillon. J'avais aussi apporté un petit *Mickey* de gin-tonic avec de la limette pour célébrer son anniversaire. Il était dans un état comateux. Sa respiration était plus saccadée que la veille. Je n'ai fait qu'humecter ses lèvres avec son élixir préféré. J'ai trinqué à sa longévité dans des gobelets en papier avec mon oncle Serge.

Plus tard, de nouveau seule avec lui, je lui ai chanté « Bonne fête » dans le creux de l'oreille. Candide, la préposée, m'a fait remarquer que l'ouïe était la dernière chose qui s'éteignait. Elle m'a serré l'épaule en s'éclipsant : « Je vous laisse parler. » Puis Léo, l'infirmier, est venu à son chevet et nous avons longuement bavardé tandis que je caressais le front d'Alban qui écoutait tout, curieux comme il était. Nous avons discuté des soins palliatifs où Léo travaille depuis deux ans, de cette vocation tardive qui l'a amené à faire son cours en soins infirmiers à l'âge de quarante ans, après un long voyage autour du monde. Léo m'a parlé des mourants que les proches délaissent parfois, par peur, par déni : « Souvent, la famille intensifie sa présence quand ils entrent dans le coma. Ils se sentent coupables. Ils se rapprochent. Ils ont eu le temps de se faire à l'idée. » Le déni, c'est presque aussi fort que la mort.

L'infirmier m'a doucement expliqué les signes cliniques de la mort ; venant de lui, ça passait. Il m'a montré les doigts bleuis de mon grand-papa, sa respiration superficielle, l'apnée. « Il va mourir comme ça, il aura le même visage. Sauf qu'au lieu de recommencer à respirer après l'apnée, ça ne reviendra plus. Ça peut arriver n'importe quand. Tout de suite ou dans quelques jours... Je vous laisse. »

Je me suis penchée vers Alban, lui ai chanté « Mon cher Alban, c'est à ton tour, de te laisser parler d'amour. » Je lui ai fait mes dernières recommandations avant le voyage. Adieu, là c'est pour vrai, tu peux y aller, on est le 14, je reste avec toi pour toujours, tu restes avec moi pour toujours, on va se retrouver, j'ai encore des choses à faire ici, et toi, veille sur nous, tu faisais les meilleures croquettes de morue du monde et j'ai oublié de prendre la recette, embrasse mon père et dis-lui qu'on s'ennuie de lui.

J'ai remis tranquillement le p'tit *Mickey* dans ma sacoche, repris le rouleau d'affiches de la Gaspésie. Dans le corridor, Léo pliait des serviettes. « Bonsoir, Léo, à bientôt ! » ai-je marmonné en me traînant les pieds.

Il a quitté son vieux corps rouillé dans l'heure qui a suivi. Alban a pris son élan après avoir soufflé sa dernière bougie. ∎

Tu n'as qu'une vie,
emploie-la à rendre légère
celle de tes voisins.

- Félix Leclerc

Sourires distincts

Ce matin, sur mon chemin, il y avait beaucoup d'immigrants, de souche ou né-natifs, importés ou tricotés ici.

Chez Stella, ma voisine, l'éducatrice roumaine de mon fils, ingénieure en aéronautique, moucheuse professionnelle, ça sentait bon le p'tit plat maison.

– Bonjour, Stella. Ça sent bon chez vous !

– On mange des boulettes et de la purée ce midi, maman !

Je lui aurais demandé un p'tit *doggy bag*, qu'elle me le faisait. Mais son sourire m'a suffi.

Deux minutes plus tard, au bureau de poste, la dame du comptoir (dans la pharmacie) blague sur mon enveloppe avec des bonshommes de neige.

– Saint-Pierre d'Oléron ? Ils vont vraiment savoir que ça vient du Canada !

Elle a un accent polonais, hongrois, russe, un sourire universel. On blague un peu, on finit par parler des States (ces maudits-là n'ont toujours pas distribué le cadeau de Noël de mon p'tit frère parce que le paquet contenait des matières explosives comme de la crème faciale au ginseng... c'est ça quand on est sur le pied de guerre !). Petit échange postal qui vous part une journée du bon pied.

Quand je sors de la pharmacie, un beau grand Noir accroché d'une main à l'arrière de son truck de vidanges (j'aime le mot, je ne me guéris pas) me salue. Ce sourire blanc, comme je n'en ai vu qu'en Haïti, encadré de noir, assorti au blanc de la neige fraîche : inimitable ! Je lui renvoie son sourire et son salut. Il me reconnaît à cause de ma voix sous ma tuque et perdue dans mon Kanuk.

– Hey ! Vous zêtes pas à la télé ?

Tout fier de son coup, il m'envoie la main bien haut, bien loin. Toujours l'écran Imax de ce sourire, pavillon de son âme pure black mais pas noire.

Je démarre dans ma Fit, avec Elvis à fond la caisse, en me disant que décidément, une chance qu'on a les immigrants pour sourire à la vie. ▍

Bon cop, bad cop

Hier soir, j'ai appelé les flics pour dénoncer les voisins. Il n'est jamais trop tôt pour bien faire.

C'est le deuxième printemps que j'ouvre mes fenêtres et retrouve les cris de boucherie en face de chez moi.

Parfois je vais voir s'ils sont en train d'égorger les deux enfants d'un coup ou seulement un à la fois. J'écornifle dans les fenêtres, angoissée, comme une p'tite vieille qui manque d'action en attendant d'aller au bingo du mardi.

Parfois c'est la maman des deux petits garçons qui hurle dans une langue que je ne comprends pas. Si au moins je comprenais, je suis certaine que ce serait moins agressant. Je m'imaginerais moins de choses.

Je me suis retenue à deux mains tout l'été dernier pour ne pas appeler la DPJ, composer le 911, aller sonner à leur porte. J'ai même fermé mes fenêtres quelquefois, lâchement, me maudissant. En me disant chaque fois que ça ne me regardait pas après que ma copine travailleuse sociale m'eut confirmé que la DPJ ne ferait pas grand-chose, sauf prendre rendez-vous et vérifier si les enfants avaient des ecchymoses.

Mais hier, j'avais beau ne pas parler leur langue, je ne pouvais plus me croiser les bras. Deux jeunes enfants de trois ans et demi et deux ans, appuyés contre la moustiquaire éprouvée d'une vieille fenêtre de cuisine, au deuxième étage. La chute aurait été mortelle. Personne ne les surveillait. Je leur ai hurlé de reculer. Ma propriétaire criait sur son balcon elle aussi. On se serait cru à Naples, ou dans les faubourgs d'Islamabad.

La dame du 911 m'exhortait à rester calme et à donner mon adresse entre deux cris adressés aux enfants qui ne parlent pas ma langue et riaient de nous voir si énervées.

Finalement, les flics sont venus me rendre visite. J'avais un peu honte de stooler, mais comme je leur ai expliqué : « S'il arrive quelque chose à ces enfants, je vais en perdre le sommeil jusqu'à la fin de mes jours. »

Et puis, je suis partie danser en me disant que les enfants appartiennent à tout le monde, pas seulement à leurs parents. C'est du devoir de tous de les protéger. Les fenêtres ouvertes ou fermées.

Ce matin les fenêtres de mes voisins sont fermées. Mais j'entends un enfant pleurer. Et moi aussi, j'ai envie de pleurer. ▌

PIGSKIN PREVIEW
TEN PAGES ON THE
GIRLS OF PANTY RAID
AN INTERVIEW WITH
STANLEY KUBRICK
CAMPUS SEX: WHERE
THE ACTION IS AND ISN'T
RAT RENTICE COMES
THE WAY IN THE SERIES
PLUS - PAIR OF
RICHARD ARISTON

Pourquoi ?

Son prof lui a donné un texte de deux cent cinquante mots à écrire en réponse à cette question. Mon voisin/gardien de seize ans a l'air bien embêté.

– Vous avez de l'imagination, vous ?

– Pas spécialement, mais ton prof semble en manquer cruellement ou être resté dans sa phase du pourquoi (deux ans et demi).

Voici ce que je lui répondrais si j'étais toi. Mais la dernière fois que j'ai répondu à une question philosophique pour un prof, j'avais un peu moins que ton âge et j'en ai eu pour cinq ans d'une histoire d'amour dont Catherine Millet aurait tiré tout un roman.

« Parce que je ne peux pas vraiment vous répondre sans risquer que vous tombiez en amour avec moi. » (Très accrocheur comme amorce ; elle va te lire jusqu'au bout même si elle pense que tu es complètement prétentieux.)

« Parce que ce soir, je gardais un petit garçon de cinq ans et que j'ai complètement oublié comment je pouvais penser il y a dix ans. J'ai apporté des bâtons de hockey pour jouer avec lui ; je me suis dit que c'était une bonne idée parce que le hockey, c'est le début de la testostérone. Après, on passe aux filles. Parce que c'est comme ça. Ça nous prend un but pour scorer... » (Là, elle est mordue ta prof, elle mouille.)

« Parce que j'en ai un peu marre de penser aux filles et de me demander c'est quand la première fois (c'est une fiction, t'inquiète, elle te croira jamais mais elle va te trouver romantique).

Parce que finalement des premières fois, j'en ai eues tout plein depuis que je suis né mais que celle-là, elle compte vraiment plus que les autres. Parce que c'est à cause d'elle que je suis né, genre. » (Elle va aimer ça, t'as l'air profond.)

« Parce que la voisine chez qui je garde a toute une bibliothè-que qui parle de sexe dans sa chambre/salon et que ça doit être une obsédée. Mais elle a l'air normale parce qu'elle a de la mou-tarde jaune dans son frigo et un chat qui s'appelle Léon. »

« Quoiqu'elle va le rapporter à la SPCA demain et qu'ils vont le tuer (euthanasier, ça fait moins mal?). Si ça vous prend une rai-son: il mord. Parce que des chats qui mordent, bien, ça fait des trous dans les bas de nylon et dans la confiance qu'on met à faire grandir l'amour. Le chat ne souffre pas parce qu'il ne sait pas qu'il va mourir demain. Et moi non plus, je ne sais pas si je vais mourir demain. Par contre, je souffre et je ne sais toujours pas pourquoi. »

Et si elle ne te colle pas un A, tu lui demandes « Pourquoi? »▮

Les mots bleus

Samedi, j'ai invité ma voisine française à des noces québécoises.

– C'est qui ? s'est-elle enquise.

– Je ne sais pas, je ne les connais pas.

– C'est sympa chez vous !!!

Des lecteurs que j'ai branchés avec le père Lacroix ont voulu me remercier en m'invitant à leur mariage.

– Ça vous fait quoi d'assister à un mariage où vous ne connaissez personne ? m'a demandé une collègue des mariés assise à ma table, histoire de me mettre à l'aise.

– Oh ! vous savez ! L'an dernier j'étais au mariage de mon cousin et je ne connaissais pas tellement plus de monde...

Bref, la voisine faisait de l'observation sociologique (son premier mariage en Nouvelle-France) et moi, de l'observation tout court.

Normand et Andrée (dont je ne connais toujours pas le dernier nom !) ont uni leurs destinées après dix ans de vie commune, dans une atmosphère d'amitié et d'amour qui m'a vraiment émue.

Et donné envie d'y croire. Pour moi et les autres et le salut de l'humanité.

Why not ? « Quand on n'a que l'amour... »

Comme contribution, j'avais apporté mon disque d'Alain Bashung et j'ai demandé au DJ de leur offrir *Les mots bleus*, une chanson de Christophe. Les mariés l'ont dansée collés-collés, à touche-que-tu-veux. Je me suis gavée à les regarder. Et je les ai remerciés pour le cadeau. Voir des gens qui s'aiment vraiment, se le disent sans retenue et distribuent avec autant de générosité les retailles autour d'eux, c'est source d'espoir pour tous les autres qui y croient, n'y croient plus, en rêvent, en désespèrent ou en crèvent.

La voisine s'amusait ferme de voir les mariés s'embrasser chaque fois qu'on faisait tinter nos verres avec nos couteaux. Et elle a trouvé que les Québécois se liaient facilement, vous mettaient tout de suite à l'aise.

– Tu le connaissais ce monsieur? m'a-t-elle demandé.

Elle parlait du comédien Denys Paris, le frère du marié, notre Ti-Coune national dans *Le temps d'une paix*.

– Ben non! Je viens tout juste de le rencontrer.

– On aurait dit que vous étiez de vieux potes!

– Oh, tu sais, le Québec c'est moitié inceste, moitié consanguinité... et le reste du temps, on se marie! █

La folie est héréditaire.
Vos enfants peuvent
vous la transmettre.

- Sam Levenson

Squeegee en grève

J'ai bien rigolé en fin de semaine lorsque j'ai croisé un squeegee qui circulait entre les bagnoles avec sa pancarte « Squeegee en grève ». Je lui ai donné un huard pour le remercier de ne pas « beurrer » mon pare-brise.

C'est l'été, toute une nouvelle vague de sans-abris et de jeunes vagabonds débarque à Montréal.

L'autre jour, près de Radio-Canada, un punk, torse nu, plutôt mignon, exhibait sa pancarte sur laquelle on pouvait lire (en anglais seulement): « *Stupid and Ugly – Anything helps !* »

J'ai baissé ma fenêtre:

– *Why stupid and ugly ?*

Il a paru interloqué par ma question, puis m'a balancé:

– *Because my mother said so...*

J'ai eu un petit pincement:

– *Sometimes, mothers are dead wrong...*

Lorsque la lumière a viré au vert, il m'a fait un petit signe de remerciement de la main. L'espace d'un instant, le sale punk et la sale automobiliste avaient aboli la frontière qui les séparait. ▌

À la défense
du « terrible » pou
(façon Mère indigne)

L'éducatrice :

– Vous comprenez, il a donné des coups de pied à son meilleur ami. Il faut que vous lui parliez, il refuse de nous écouter.

La maman :

– Oui, oui, je vois. Nous allons sévir, confisquer un jouet, couper le Jello, l'obliger à regarder les coffrets DVD de *Passe-Partout*, lui brosser les dents avec de l'oméga-3. Croyez-moi, nous sommes des parents responsables.

* * *

Le voisin français :

– Si ça se trouve, elles ont leurs chouchous, les éducatrices.

La voisine française :

– Et puis, qu'est-ce qu'il lui avait fait, son meilleur ami, pour qu'il lui donne un coup de pied, hein ? Peut-être qu'elles n'ont pas vu qu'il rendait les coups, quoi !

Le voisin français :

– C'est normal les coups de pieds pour un garçon. C'est viril, merde. Nous, on en donnait tout le temps. Et puis, peut-être qu'il est seulement tombé et que sa jambe est partie en l'air. C'est pas un coup de pied, ça, c'est une chute.

La voisine française :

– Non mais, c'est vrai quoi ! Les mômes, il faut pas paniquer parce qu'ils sont un peu primaires. Et puis, les éducatrices, elles doivent savoir y faire, elles ont le bac en éducation spécialisée. Toi, t'as fourni le gamin, c'est bien suffisant, non ?

La maman :

– Vous voulez une autre grappa ? ▌

Peuple à genoux

À genoux devant lui, j'attachais ses bottes d'hiver en mère pressée et dévouée. Il en profitait pour me regarder le fond de la tête.

– Maman ? Pourquoi t'as des p'tits cheveux ?

– Tu veux dire des cheveux plus courts que les autres ?

– Oui !

– J'en ai des courts et des longs.

– Oui, mais maman, pourquoi ils sont blancs ?

– !...

Ma mère m'a déjà dit de ne jamais me mettre à genoux devant un homme. Ça m'apprendra aussi. ▍

Sauver la mémoire

Ce matin, monsieur B. m'a demandé ce qu'ils faisaient sur la photo.

– Ils sauvent les meubles, ai-je prudemment avancé.

– Pourquoi ?

– Parce qu'il y a la guerre.

Et la question à cent piastres :

– C'est quoi la guerre, maman ?

Je ne sais toujours pas comment on explique la guerre à un deux ans et trois quarts. Lui, si capable de la faire subir à ses amis de la garderie ou à ses cousines du même âge…

Je songe régulièrement à contacter l'ONU pour obtenir des trucs : comment établir un corridor humanitaire, un cordon de sécurité, envoyer des médiateurs. Le *terrible two* a des airs de famille avec le conflit armé.

Et après le *terrible two*, on m'a annoncé le *fucking four*. J'ai hâte, je ne savais justement pas quoi mettre à mon agenda dans deux ans. ▋

Quand viendra
le temps de partir
Toute parole close
L'âme bleue
pareille au silence
Et livrée aux confins
de l'absence

- Fernand Dumont

Le gros rhube

À l'émission *Une pilule, une petite granule*, ils ont expliqué le plus sérieusement du monde comment guérir un rhume avec un bon bouillon de poulet. Ils ont demandé à une vraie grand-maman de sortir sa recette des Cercles de Fermières et ont fait un reportage sur les bienfaits du *Tender Loving Care*, TLC pour les intimes.

Tout le monde comprenait que le poulet y était pour pas grand-chose, surtout quand on sait comment on les élève (quoique des études prouvent que le bouillon est plus efficace que le Tylenol), mais que l'amour y était pour beaucoup, surtout l'amour qu'on met dans le bouillon en le faisant boire à l'enrhumé. L'effet placebo, quoi !

Tout ça pour dire que j'ai passé une petite partie de la fin de semaine à soigner un petit enrhumé. Cette fois-ci, j'ai fait fuir les microbes en moins de douze heures, un record personnel.

D'abord, on reste en pyjama toute la journée. Impératif, sinon c'est foutu ! Ensuite on prend un bain très chaud avec sa maman et on fait des bulles de savon qu'on essaie d'attraper. Ça c'est le volet gym.

Après, quand on a les joues bien rouges, on s'essuie avec une serviette qui sort de la sécheuse et on enfile un autre pyjama bien chaud lui aussi. Puis, on ressort un gobelet à suce dans lequel on tète du jus d'orange tant qu'on veut, comme un petit veau. On a le droit de régresser !

Et on a le droit de niaiser comme le recommandent les savants.

On se fait bercer en chantant des chansons de Noël et en regardant le sapin, on peut écouter Walt Disney longtemps, on fait une sieste de trois heures après avoir pris du Tempra.

Et, oh miracle ! on a tellement sué que tous les méchants microbes sont partis. On se réveille tout réparé.

Et en plus, on a des souvenirs d'enfance en réserve au fond du cœur. █

Le rhube suite...

Et puis...

On dessine dans la buée des fenêtres.

On fait un train avec les chaises de la salle à manger. On se fabrique un toit avec un drap.

On déguste une clémentine sous la nappe.

Maman prépare un chaï indien et même avec le rhube, ça sent la cannelle, la cardamome, la coriandre et le poivre noir quand elle les écrase dans son mortier. La vie est rassurante comme une maison.

« Une pilule, une p'tite granule... »

L'homéo :

– Vous allez bien ?

Moi :

– Si j'allais vraiment bien, je ne serais pas ici. J'ai un fantôme de fracture de côtes qui vient de se réveiller. Et j'ai une vaginite, mais ça doit être un rush de printemps.

L'homéo :

– Pour les côtes, il y a peut-être fracture dans votre vie. Vous venez de vous séparer... Pour la vaginite, c'est peut-être une MTS...

Moi :

– Pas avec les condoms quand même !

L'homéo :

– Bof. Avec l'amour trois cent soixante degrés, il faudrait du latex partout. Vous ne pouvez échapper à tous les microbes.

Moi :

– Charmant. Vous avez des granules pour ça ?

L'homéo :

– Non. Mais j'ai un proverbe portugais qui dit : *Si vous avez peur, restez chez vous.*

Moi :

– Le pire, c'est que je suis restée chez moi.

L'homéo :

– Bienvenue dans la jungle... ▌

Accommodements raisonnables

Ça se passe dans une clinique du nord de la ville. Nous sommes à Montréal, une ville nord-américaine moyenne avec un système de santé public et des plombiers très bien outillés pour faire face à toutes les urgences possibles munis de leur Vise-Grip.

Ma copine est installée sur la table d'examen de la nouvelle clinique chic et attend que le médecin lui retire son stérilet.

– J'ai pas de pinces, dit le gentil docteur. Excusez-moi un instant.

Il se tourne vers l'infirmière et lui demande d'aller chercher le concierge qui trouvera bien les pinces.

Le concierge revient quelques minutes plus tard avec des pinces, des vraies, pleines de graisse et faites pour la grosse ouvrage. J'imagine qu'en Afghanistan, on aurait procédé à l'opération après une sommaire stérilisation.

Mais il est vrai qu'en Afghanistan, les stérilets doivent être plutôt rares. ▊

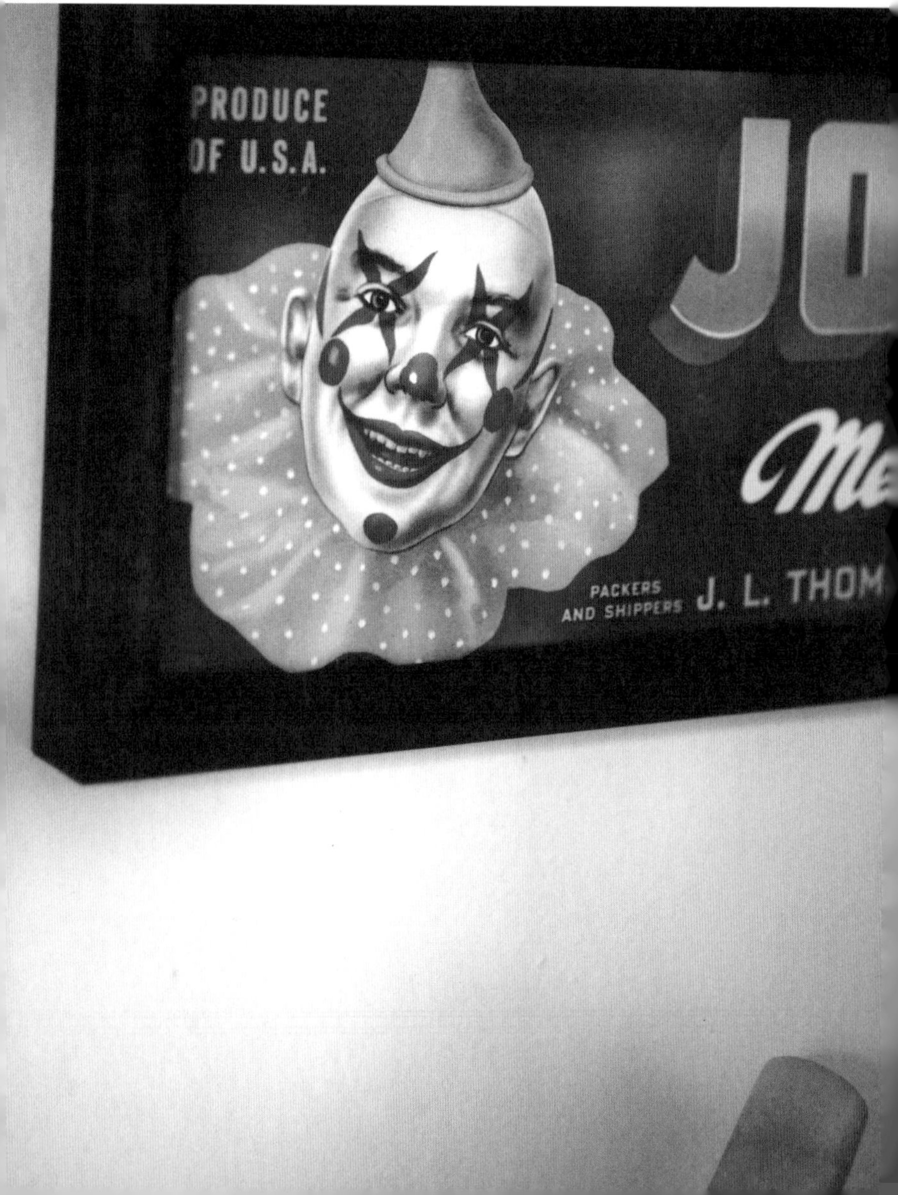
PRODUCE
OF U.S.A.
PACKERS
AND SHIPPERS

Accommodements déraisonnables

Ça se passe à Montréal, dans le département d'oncologie de jour de l'hôpital Royal-Vic. La clientèle provient de tous les horizons, le cancer ne demande pas de passeport avant de frapper.

Il y a des Italiennes qui doivent être en train d'échanger des recettes de lasagne, une comédienne qui apprend son rôle en français avec sa mère, un couple d'obèses qui visiblement doivent partager le même contenant de pop-corn jumbo au cinéma. À moins qu'ils n'aient chacun le leur.

Je ferme les yeux en attendant qu'on prononce mon nom. C'est un peu comme si j'étais au purgatoire : je ne sais si je serai appelée pour une audience devant Dieu.

Dieu m'appelle. Tous les trois mois, c'est le même manège. Je me déshabille, j'attends mon médecin, une superbe dermatologue asiatique qui examine ma constellation de grains de beauté, me félicite pour ma blancheur très XIXe siècle (Blanchette mon nom) et me redonne un autre rendez-vous dans trois mois. Parfois un résident l'accompagne. Parfois il la devance.

Hier, un nouveau résident est entré dans la salle, m'a posé les quelques questions d'usage après m'avoir demandé si je parlais anglais.

– Oui.

– Alors nous allons parler anglais.

– Pourquoi ?

– Parce que j'ai pas parlé français.

Si jeune, me suis-je désolée. Je lui ai parlé dans sa langue comme on parle à un plus mal foutu que soi.

Ben quoi ! Ça m'arrive d'accommoder pour sauver ma peau ! ▮

Bronshit

En matière de santé, je sais où est l'écurie (je suis fille de médecin, on ne se refait pas totalement), mais je broute en chemin. Quand j'en ai marre de toutes mes potions douces, je tombe dans la médecine dure.

Mais la médecine dure fait dur, justement. Les médecins sont de plus en plus réticents à prescrire des antibios, à cause de la résistance des nouvelles souches de maladie. Il faut être à l'article de la mort, faire beaucoup de fièvre et délirer (« Docteur, j'ai eu une vision éveillée, le ministre de la Santé s'en allait travailler dans le privé ! ») pour qu'ils vous prescrivent leur drogue maudite.

Sinon, la plupart du temps c'est : « Prenez du repos, beaucoup d'eau et des Tylenol aux quatre heures. » Vaut mieux entendre ça qu'être sourd, j'imagine. Et je ne vais pas les blâmer de nous suggérer du repos ; nous sommes devenus totalement dépendants de drogues qui nous permettent de PERFORMER, même malades. Se reposer est une forme « looser » de la paresse, qui elle est une posture esthétique plus confortable.

Le repos a totalement disparu de la pharmacopée, comme le toucher d'ailleurs. Aujourd'hui, nous dépendons de l'électricité et des gadgets pour guérir.

Tout ça pour dire que je ne vais guère mieux sous antibios que je n'allais sous infusion Pulmonathé de la Clef des Champs, sous sirop de plantain, teinture mère d'hydraste, huiles essentielles de thym-eucalyptus-lavande (six gouttes sous chaque pied, trois fois par jour) et granules.

Pas pire, pas mieux. J'ai aussi visualisé du jaune à l'inspiration et du noir à l'expiration. J'aurais eu beaucoup d'avenir comme entraîneur d'athlètes olympiques...

La seule chose que je n'ai pas encore essayée, c'est l'angéologie et l'oratoire. Ça viendra. ▌

L'arbre aux disparus

Je fréquente un peu les hôpitaux ces derniers temps – enfin, plus que d'habitude – j'ai toujours évité ces endroits malsains. Mon papa médecin, qui y passait ses journées, m'a toujours dit que c'était le meilleur endroit pour tomber malade ou mourir.

La vibration n'est pas bonne, c'est pas feng shui, que sais-je, c'est comme l'édifice de Radio-Canada, ça sent le malaise. Ça doit être la ventilation ou le manque de.

Ces derniers temps, donc, il m'a été donné de constater à quel point la technologie et les machines ont pris notre santé en main, si on peut dire. On ne parle plus beaucoup au patient (enfin, ça dépend qui), on consulte la machine. Et des machines, il y en a partout. Ça fait peur.

J'ai la chance de connaître quelques médecins qui s'informent de ma santé et de celle de mon fils. Mais dès qu'on est reçu « incognito », chez certains spécialistes, ça relève d'une immense aberration, d'une façon de percevoir la santé et le rapport soignant-soigné qui m'est totalement étrangère. La médecine en rondelles de saucisson, le corps morcelé, chaque membre coupé de l'autre, l'humain étranger à son environnement, l'environnement en orbite de l'univers. De cet ordre. Nous sommes loin de l'holistique et d'une psychologie primaire.

Et c'est pour cette médecine qui doit coûter un bras en appareils à la fine pointe que je paie des impôts. Personne ne m'a consultée sur ce que j'en pensais. Mais c'est « notre » médecine, et gratuite avec ça. Elle a fait ses preuves, scientifiques, alors on la ferme et on prend son mal en patience.

La réforme de la médecine, c'est pour quand au juste ?

Partout où la machine semble avoir triomphé de l'humanité, partout où elle s'est emballée, il y a de jolies histoires cachées.

J'en racontais une à la technicienne de laboratoire qui me faisait passer des tests d'asthme, la semaine dernière. Inspirez, retenez, poussez, poussez, poussez, poussez, poussez !!!!! On aurait dit un accouchement.

Entre deux poussées, je lui ai parlé de mon père avec qui elle a travaillé en pneumologie. Mon père avait un rapport certainement très humain avec ses patients. Je l'ai déjà vu sortir de son sarrau une canette de Coke pour un patient branché à l'urgence : « Tenez, monsieur Tremblay, je sais que vous aimez ça ! »

Un jour qu'un patient mourant demandait à mon père s'il allait se souvenir de lui après sa mort, mon père lui a répondu : « Offrez-moi une boule de Noël et je mettrai votre nom dessus. Comme ça, chaque Noël, je penserai à vous. » Des années plus tard, le sapin de Noël chez mes parents était décoré de magnifiques boules avec un nom attaché à chacune d'entre elles. Pour le moins touchant. Chaque Noël était l'occasion pour nous de nous rappeler notre mortalité et pour mon père de se remémorer tel ou tel patient.

– Je n'aurais jamais cru que votre père pouvait faire ça, m'a dit la technicienne de laboratoire, les larmes aux yeux.

Ben non, moi non plus je ne l'aurais jamais cru capable d'autant de fantaisie. On ne connaît pas toujours les gens, même quand on travaille dix ans avec eux. Et certains médecins réussissent à conserver un rapport humain dans l'exercice de leur médecine, complètement abrutie par la machine. ▌

Un jour, j'ai eu quatre-vingt-douze ans.

Hier soir, sortie du placard. Je suis retournée danser après deux mois. J'avais l'impression d'être une brûlée qui remettait sa deuxième peau. J'ai retrouvé ma gang du mercredi, les danseurs.

– C'est comment une pneumonie ? m'a demandé l'un d'eux.

– C'est comme avoir quatre-vingt-douze ans. Tu es laide, tu craches sur la vie et tout le monde a peur de t'approcher. Tu pues la mort, tu ne te laves pas trop, ça demande trop d'énergie, tu ne te lèves plus, ta chambre a l'air d'un dépotoir, ton frigo est plein mais tu ne manges que du bout des lèvres. Et puis tu engueules ton téléphone parce qu'il ne sonne pas. Et quand il sonne, les gens à l'autre bout ont l'air pressés, un peu trop vivants, dans une autre galaxie.

En fait, tu n'es plus dans l'autobus. Tu attends à l'arrêt et il y a une grève des employés de soutien à la STM. Tu te sens vieille, moche, seule. Et tu l'es. Et tu sais exactement pourquoi on fuit les vieux, les malades, les mourants. Parce que ça pourrait être contagieux.

Et tu n'as plus l'énergie pour te battre, ni pour expliquer, juste pour te plaindre un peu. Ta voix ressemble à un filet et il n'y a plus de filet sous tes pieds.

Tu sais qu'un jour tu es là, l'autre jour tu n'y seras plus et basta ! Tu ne comptes pas tant que ça. C'est ça le plus difficile, tu ne comptes pas tant que ça.

J'imagine que c'est la dissolution de l'égo dont parlent tous les grands mystiques.

– … Veux-tu danser ?

Voilà pourquoi je danse. Pour éviter de penser. ▎

Je ne pourrais croire qu'en un dieu qui saurait danser.

- Nietzsche

Restes humains identifiés

Il est entré dans le bar et je me suis précipitée vers lui.

– Jacques ? Qu'est-ce que tu fais ici ?

– Je suis venu danser.

Nous avons dansé ensemble un des tangos les plus anarchiques sur la version Roxanne du film *Moulin rouge*. Mon photographe préféré (c'est pas le mien mais c'est mon préféré pareil) et moi avons noué des liens sur une piste de danse, une grande première, de beaux flashes. Après quatorze ans de relation strictement professionnelle, ça fait plaisir de se déhancher et de se dire qu'on s'aime. Oui, on s'aime. C'est comme ça et pas autrement. Sa blonde est même au courant.

– Qu'est-ce qui est le plus difficile dans la vie, Jo ? m'a demandé Jacques Nadeau en astiquant sa tige (pour jouer au pool, gang de dévoyés !).

Il m'appelle Jo depuis longtemps, sans forcer, c'est d'un naturel foudroyant dans sa bouche. Il y a des flagorneurs qui m'appellent Jo, des intimes, des complices de toujours, des-qui-voudraient-bien, mon Anglo. Mais avec Jack (c'est son surnom de film de cow-boy), on sait que ce n'est pas gratuit, ni gagné d'avance. D'ailleurs, chaussez-le de verres fumés et il ressemble à Jack Nicholson comme deux verres de shooters.

Je dis souvent qu'il est ma plus belle conquête professionnelle parce que c'est vrai. Et rien n'est jamais acquis, il aime le défi. Nadeau fait ce qui lui plaît et pour lui plaire, ben je sais pas trop ce qu'il faut faire mais faut surtout accepter d'être vu comme on est. Faut p'tête avoir un nom qui commence par Jo.

Je me risque.

– Le plus difficile dans la vie ? Je dirais, se connaître. Puis s'accepter. Et après, être à la hauteur de ce qu'on est.

– Moi, je pense que le plus difficile, c'est de se relier aux autres, balance Jack.

Venant d'un gars qui passe sa vie à aller chercher l'essence des gens via son appareil photo, la remarque a du poids.

« Ce soir je serai la plus belle pour aller danser... »

Il s'assoit à côté de moi, commande son jus de canneberges-soda, en rougissant, au barman qu'il connaît pourtant depuis des années. « Les beaux hommes m'intimident toujours », me glisse-t-il en se trémoussant.

G., mon prof de danse gai et philippin (ou philippin et gai, ça dépend des soirs), est une petite chose qui grouille, saute, s'esclaffe constamment. Pas très grand, un peu enrobé, les cheveux longs, un joli visage et une joie de vivre qui fait penser à un ruisseau au printemps et des orteils d'enfant qui se risquent dedans.

Pour moi, G. est sans âge. Et un personnage comme je les aime. Authentique, attachant, gai dans tous les sens du terme.

J'ai enfilé la belle robe que mon amie Geneviève m'a donnée cet été, une robe qui lui allait à ravir. Un legs de blonde à blonde. Un aimant à mecs, même gais. Savez ça vous que *gay*, ça vient de *gentle and young* ? *Anyway*, la robe de Geneviève danse toute seule, c'est pas même croyable. J'ai juste à la suivre. Aucun mérite.

G., mon prof, n'est pas dupe.

– Tu m'accordes le prochain tango ?

Il sait que la robe va se placer toute seule et qu'il aura l'air de savoir me mener.

Et puis, G. passe tout à coup aux choses sérieuses, les confidences de cœur ébréché :

– Une belle femme comme toi, tu dois avoir tous les hommes que tu veux..., dit-il en enviant soit ma blondeur, ma « shape », mon mètre soixante-dix, ma robe, ou la possibilité qu'un barman me pose un lapin. Il m'envierait même ça, cette fabuleuse option de rêver ou de souffrir.

– Ça n'aide pas. Crois-moi... réponds-je sur un sourire entendu, même pour les malentendants.

Si je fumais encore, j'aurais pris une grande bouffée de ma Matinée Extra-Douce Slim Menthol avant de balancer cette phrase pleine de silence dans la suspension.

Il m'offre son air le plus surpris, puis la connivence des âmes esseulées, le chœur des soupirs à pierre fendre se fait entendre. ▐

Thérapie de groupe

Je m'en allais danser, donc. Je sais, exceptionnellement un mardi. Je ne suis pas encore trop matante, je suis capable de changer mes habitudes.

J'ai ouvert la porte du bar, pas un son, l'obscurité, une note sur la porte expliquant que cette soirée « privée » se terminerait à vingt-trois heures (avec un ti-lait chaud avant d'aller se coucher).

Et là, à peine entrée, je les ai vus. Tous assis en rond comme dans une thérapie de groupe. J'ai entendu « *For me... dancing...* » J'ai figé. Puis, comme tout le monde avait les yeux braqués dans ma direction, j'ai activé le système de défense *numero uno*.

Contre-attaque :

– *Oh my God ! It's a therapy ! No way ! I'm gone, baby, gone ! I gave twenty years, I'm over it !*

Ils n'ont même pas eu le temps de me retenir par ma cape à pompons, je volais par-dessus les toits comme Mary Poppins. J'ai repris la bagnole, suis retournée me terrer chez moi avec la ferme intention de regarder Sophie Paquin tout en sirotant la grappa du désespoir. *Fuck that noise !* Vont pas me thérapeutiser la danse en plus du reste ? « Je m'appelle Josée et je danse depuis quinze ans... »

Y a plus moyen d'éplucher un oignon sans pleurer sur son sort et son petit nombril. Ras-le-nombril, justement !

I don't wanna yack, I wanna forget! J'étais pas loin du point d'ébullition pour tout vous dire, sacrant et pestant, versant même une petite larme (juste pour le kodak) en chantant du Elvis dans mon char. Non mais! Pus capable de tout analyser. Déjà que pour le sexe faut en parler avant... et parfois même après! █

L'intelligence,
c'est le seul outil
qui permet à l'homme
de mesurer l'étendue
de son malheur.

- Pierre Desproges

Nos Himalaya intérieurs

Il est beau, il est (encore) jeune, il a une bonne job (de contrats en contrats, mais bon), il est gai (de saunas en saunas, mais bon), il aurait pu avoir des enfants, un bungalow en banlieue, un chum steadé, une vie pépère mais ce n'est pas le cas. Il travaille beaucoup pour oublier mais le travail l'oublie parfois. Il a un rêve, peut-être deux, mais ça ne suffit pas.

J'ai l'impression de rêver lorsque je l'entends me dire :

– Moi aussi, avant, j'étais comme toi, j'avais encore des illusions.

Je pars à rire. J'en use, c'est mon droit d'aînesse.

– Mon chou, des illusions, j'en ai eues, j'en ai perdues, je les ai même toutes perdues. Pis j'en ai retrouvées, surtout dans le regard neuf que pose mon B. sur toutes choses. C'est pour ça que c'est un privilège d'avoir un enfant. Mon B. me disait la semaine dernière : « Maman, moi je sais tout. » Je lui ai répondu que moi je ne savais plus rien. Il m'a balancé, du haut de ses quatre ans : « Pas grave, je vais t'apprendre des choses, maman. »

Et c'est vrai. Il m'apprend l'espoir, il m'apprend le *beginner's mind*, à me pitcher sans « savoir » parce que c'est l'ostie de « savoir » qui nous empêche de reprendre les mêmes expériences sans filtre (l'amour, par exemple). Nous, on « sait ». Mon B., lui, il me demande « Est-ce qu'il y a de la salade dans la salade de chou ? » et c'est le plus beau *kōan* auquel je puisse réfléchir.

Mais il n'y a pas que mon B. qui m'aide à garder espoir. Je te dirais que j'aimerais avoir une religion, ce serait plus simple. Mais finalement, je me suis bien entourée, ça aussi c'est crucial. Pas de rabat-joie, de cyniques, d'amers chroniques et de verbeux qui ne passent jamais à l'action dans mon entourage. Mon embarcation est trop fragile pour traîner des poutres mortes en arrière de moi. Je peux aider un temps mais en insufflant une énergie, un courage, une idée. Je crois à l'inspiration. Après, les jardiniers jardinent dans leur petit jardin secret. Je veux bien fournir le compost.

Je m'entoure de passionnés, d'illusionnistes peut-être, mais qui font de grandes et petites choses porteuses d'espoir et d'illusions. Nos métiers font partie du monde de l'illusion ; toi, tu es un chasseur de perles. Et quarante ans, c'est l'âge des récoltes. C'est l'âge où l'on redonne aux autres aussi ce qu'on a récolté, en expérience, en sagesse, en sérénité, en beauté.

– Oui, mais vieillir m'emmerde. Y a rien de drôle là-dedans.

– De grâce, tu ne vas pas me la jouer « J'ai perdu toutes mes illusions et j'ai lu tous les livres, hélas ! » S'il nous reste trente-quarante ans à tirer ensemble, je ne veux plus entendre ça, c'est compris ? On fait tous notre possible, mais vieillir avec grâce, c'est quand même l'élégance ultime, une politesse à rendre aux autres. Vieillir s'apprend, comme le reste. Mais le sentier des regrets et du passé, c'est un misérable cul-de-sac. Mon grand-père est mort jeune à quatre-vingt-seize ans, j'ai l'intention d'essayer de faire pareil.

– Toi, t'as pas de mérite, tu vieillis pas. T'es comme la tite vieille qui raconte l'histoire dans le film *Titanic*. Pis tu vas aller pitcher le bijou en cœur caché sous ta jaquette rose, au bout de tes bras, à la fin de ta vie. Tu vas être tripante jusqu'au générique. Au fait, je sais pas si tu t'es fait faire de la chirurgie plastique mais que penserais-tu si je me faisais enlever ça... (choisir un bout d'ana-

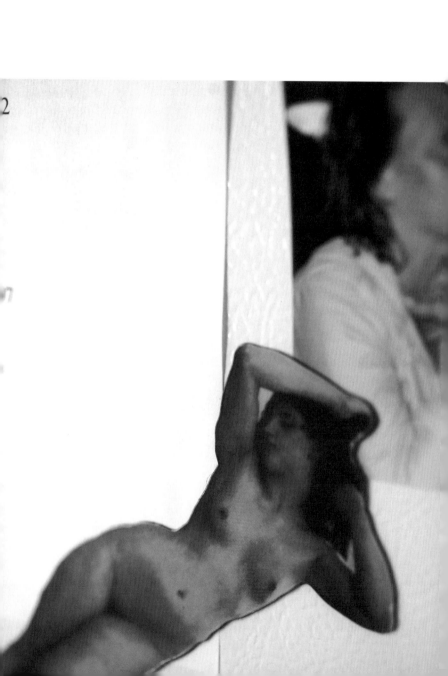

tomie que seul son propriétaire voit et sur lequel il obsède chaque fois qu'il se brosse les dents devant le miroir) ?

– Non, je n'ai pas touché à la chirurgie. Le syndrome Micheline Charest, tsé, celle qui ne se voyait pas aller, très peu pour moi. On en reparlera dans dix ans. Et puis, peut-être que je choisirai de mettre des vieilles photos de moi dans les magazines, ça fera pareil. Tu penses vraiment que tu vas être plus heureux après le bistouri ? *I doubt it*. Et après, ce sera le lissage des genoux ?

– Ben quoi ? Toi tu vas en trek au Népal pour te refaire une beauté ?

– Ce n'est pas la première raison, mais oui, les voyages initiatiques font ça. Je suis CERTAINE que ce que j'y puiserai contribuera à ma « beauté intérieure » et que tout ça suinte vers l'extérieur. Vanité de ma part, sûrement. D'ailleurs, c'est une raison très très très secondaire du trek des femmes pour le développement et la paix. Je n'apporte aucune crème anti-rides et beaucoup de crème solaire. Nos Himalaya sont immenses et nos horizons bien rétrécis. Je sais que ce que je trouverai là-bas, c'est moi toute nue, dépouillée de son décor. Et y a encore ben de l'ouvrage à faire. C'est le plus freakant de toute l'affaire.

Il m'a promis d'être juché sur mon épaule et que je pourrais lui parler chaque fois qu'une côte serait plus difficile à grimper. Je lui promets la même chose ici.

En attendant, réfléchis bien à ça, mon chou : Est-ce qu'il y a de la salade dans la salade de chou ?

Je ne suis plus une oie blanche mais toi, tu voles déjà.

Ce matin, je lui ai dit :

– C'est ton dernier bol de céréales de trois ans. Demain, tu auras quatre ans.

– C'est quand demain, maman ?

Oh la belle question ! Demain, c'est dans un dodo, c'est un rêve qu'on entretient, c'est une résolution qu'on n'ose pas prendre tout de suite, une révolution qui se prépare, c'est de la procrastination, *mañana por la mañana*, c'est l'espoir d'un revirement, c'est une chanson de Pierre Lapointe, *Plaisirs dénudés* :

« En me disant, comme un pauvre imbécile :
"Demain, je serai bien plus heureux demain."
Et je donne des noms au Soleil, à la Lune
En espérant que demain plaisirs dénudés,
Regards frissonnants reviendront pour m'habiter
Pour alléger la lourdeur des jours à traîner »

Demain, c'est la promesse intérieure qu'on se fait d'être toujours un peu meilleur, de vivre en accord avec soi, même si l'univers ne comprend pas. Demain, c'est toi à ton apogée, comme tu te souhaiterais.

Merci à tous ceux qui participent à demain. Cette mémoire-là, du moins, est intacte. ▌

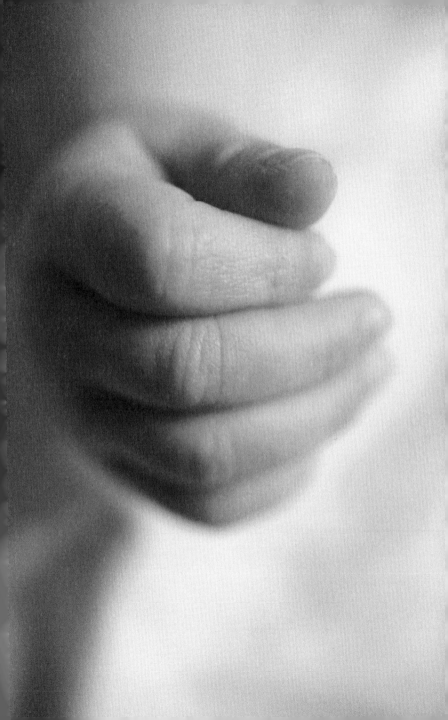

Remerciements

Chaque soir, avant de me coucher, je fais la « prière des mercis », seule ou avec mon B. En voici une flopée... Ce livre n'aurait pas vu le jour sans le soutien et le travail acharné de Caroline-Julie Fortin. Sa maternelle assistance, sa persévérance et son intelligence conjuguées m'ont fait regretter d'avoir perdu ma jeunesse à fréquenter des curés pour le mauvais motif.

Un grand merci à mon petit frère – qui fut le premier lecteur du manuscrit – pour ses commentaires éclairants. Ses étudiants de UCLA doivent certainement trembler lorsqu'ils reçoivent leurs copies annotées...!

Un merci tout spécial à Dominique Lafond pour la séance de photographie dans mon appartement alors que je roupillais sur le sofa, terrassée par un virus virulent. *Mi casa es tu casa.*

Merci à Lise Ravary, éditrice de *Châtelaine*, d'avoir mis en œuvre les blogues sur le site du magazine. Longue vie à son audace féminine et à sa talentueuse irrévérence.

Merci aux photographes Jacques Nadeau et Martine Doucet pour le clin d'œil dans ces pages.

Une révérence toute particulière à ceux et à celles qui prennent le temps de laisser des commentaires sur le blogue et lui donnent du souffle. M. Marcoux, Lalouve, Denis, Gab, Miss Gaby, Volu Bill, David, Suzanne, Nathaly, Charlotte, Amarre, Sylvain, Auguste, Annicka, Carmen (pour ne nommer que les plus bavards), vous laissez des cailloux sur mon sentier et je me sens privilégiée. À tous ceux qui restent muets, merci aussi d'y être ; chacun de vos clics est un déclic. ▌

Table des matières

- Est-ce que
je suis envahissante ?
- Terriblement,
lorsque tu n'es pas là.

- Romain Gary